くすぶり中年の逆襲

錦鯉

Nishikigoi

新潮社

前頁の写真
錦鯉の恩人でもあるハリウッドザコシショウと。
二人との関係は本文参照。

まえがき

皆さん、こ〜んに〜ちは〜‼

「石の上にも三年」といいますが、3年どころか、苦節26年でようやく皆さんに知られるようになった、錦鯉の長谷川雅紀です。

早速ですが、つい最近、知人から聞いた話です。

知人の子供は小学生なのですが、学校で歯の健診がありました。その時、歯医者さんが、

「みんな、ちゃーんと歯磨きをしないと、錦鯉の長谷川さんみたいになっちゃうよ。長谷川さんは歯が8本ないんだよ」

と言うと、その場にいたクラスの子ほぼ全員が、

「知ってるー！」

と言って、笑ったそうです。嬉しかったですねー。

あと、4歳の子供が、なまはげを見たら、

「カッコいい！」

と言ったのに、ボクの写真を見たら、

「コワい！」

と言ったそうです。嬉しかったですねー。なまはげに勝ちました！

人様の好き嫌いに一生を捧げる仕事を選んだボクですが、実は、根っからの芸人志望だったわけではありません。そのせいか、芸人生活を始めてからというもの、とにかくダラダラ。

一大決心をして東京へ出てきたんですけど、そこでの生活もダラダラ。同期や後輩には追い抜かれ、芸人としては鳴かず飛ばず。結果、売れるまでに26年もかかったんです。

なんで辞めなかったのか？

よく聞かれるんですが、辞める勇気がなかった、というのが正直な気持ちです。辞めても他にやることもないし、やりたいこともない。結果、芸人であることにしがみつき、

50歳目前で、ようやくブレイクしました。

お仕事をいっぱい頂く中で、もっと若いうちに売れていたらなと思うこともあります。でも、どんなことでも年齢のせいにするのはダメなんだ、という思いを今、強くしています。

2020年『M-1グランプリ』決勝に進出した時のインタビューで、「『人生大逆転』という本を出す」と言ったのですが、49歳でブレイクするまでのボクの人生はとにかく波乱万丈というか、色々なことがありました。

今回、機会をいただいて、これまでの人生を振り返りました。相方の隆と、語り下ろすスタイルで構成しています。

では、最後までお楽しみください!

長谷川雅紀

目次

企画協力・本文写真提供
（p1、p70-72、p105-108、p135-136）
株式会社ソニー・ミュージックアーティスツ

カバー・本文写真
平野光良（新潮社写真部）

くすぶり中年の逆襲

第1章　2021年の錦鯉

コンビ結成10年目で、歯が10本ない！

長谷川　こ〜んに〜ちは〜‼

渡　辺　うるせえよ。

長谷川　ジャニーズの相葉クンと、名前の漢字が一緒だよ！

渡　辺　ファンに謝れよ！

長谷川　それにしても2021年で、錦鯉を結成して10年目だね。

渡　辺　早いねえ。「10年ひと昔」とは言うけれど。

長谷川　「人のうわさも45日」というしね。

渡　辺　関係ねーぞ、それ。しかも75日だろ。勝手に30日引くなよ！　ところで雅紀さん、ちゃんと「まえがき」書けた？

長谷川　まえがき？　ああ、あれでしょ。大事なところが映ったり見えたりしないようにするヤツ。

渡　辺　それは「前張り」だろ！　モザイクが当たり前の今、自分で言っておいてなんだけど、「前張り」なんてずいぶん久しぶりに聞くな。昭和の香りがプンプンするよ！

長谷川　あ～、違った。向こうから近づく子供のことでしょ。

渡　辺　それはただの「前から歩いてくるガキ」だよ！　本当に大丈夫かよ。

長谷川　大丈夫だよ、ちゃんと書いてあるから。ところで、２０２１年に入ってから、ボクらの仕事が劇的に増えたけど、それもこれも20年の『Ｍ－１グランプリ（以下、Ｍ－１）』で決勝（ファイナル）進出を果たして、第4位になったからだね。

渡　辺　年明けから仕事をいっぱい頂いて、テレビやラジオ出演に、雑誌や新聞の取材。とにかく忙しくなったね。やっぱり『Ｍ－１』の影響力って大きいんだな。

長谷川　特にボクらが注目を集めたのは、芸歴の長さと年齢でしょう。何といっても「史上最年長のファイナリスト」だったから。

渡　辺　雅紀さんが49歳で、オレが42歳。共に芸歴が20年以上だったから、50歳目前だった雅紀さんは「人生の折り返し地点から、大逆転を目指す！」とか、とにかく「史上最年長」で注目されたからね。しかも、雅紀さんがいなくても、オレだけでも史上最年長更新だからね。「戦国時代だったら生きてない」なんて言われたし。

長谷川　「第7世代の親世代」というのもあったな。

渡　辺　雅紀さんでいうと、「歯が8本ない」のも注目の的になる要因だったね。確かに歯科医の技術が進んだ令和の時代に、8本も歯がない49歳のオッサンは、なかなかいないよ。しかも、オレも『M－1』のあとで、調子の悪かった歯が2本抜けちゃったんだよね。

長谷川　コンビで歯が10本ないなんて、凄い話だよ。

渡　辺　「結成10周年」の年に「10本」だからね。

長谷川　一応、いまのところはボクらが記録保持者だけど、これから出てくる『M－1』ファイナリストで、50歳以上で、ボクよりハゲていて、歯が何本かなかったら、あっという間に記録更新だね。

渡　辺　いくら芸人でも、そこまでの人はいないでしょう。というか、いたらマジで怖いぞ。

長谷川　でも、楽屋で若い芸人と話していると、その人が生まれる前からボクが芸人やっていたり、親と同い年かもしれない、なんて言われたりして。

渡　辺　確かに、20代の芸人だと、雅紀さんと自分の親の年齢が大して変わらない、というケースもあるだろうしね。

長谷川　ところがネットでエゴサーチすると、ボクのこと「顔はおじさんなのに、言っていることは小学生みたい」と書かれて。

渡　辺　見事に当たってるよ！〈お店に入る時、どこでも「ごめんよ！」と言って入ってそう〉、なんてなかった？

長谷川　ないよ、そんなの！

渡　辺　この本が出たら〈カバーの雅紀さんの写真、遺影に使えそう〉、とか書かれそうだけどな。

長谷川　まぁ、とにかく芸人は目立ってナンボだからいいけど、それにしても高齢とか歯がないとか、マイナスの要素ばかり注目されたな。

渡　辺　いいじゃない。マイナスとマイナスをかければ、プラスになるんだから。

長谷川　隆のそういう「プラス思考」がいいよね。

渡　辺　いやいや、そうでもないよ。「プラス思考」って聞こえはいいけど、一歩間違えると「鈍感力」でもあるからね。だからオレたち、ブレイクするまでにあんなに時間がかかったわけで。そのあたりのエピソードは、この本を読み進めてもらうとして、『M－1』に話を戻そうか。

『M－1』決勝の現場

長谷川　今でも覚えているのは、決勝の直前に声が枯れちゃって。トローチとのど飴を、交互になめてたんだ。それを2日続けたら、舌が緑色になっちゃって。
渡　辺　あれはまさに「舌だけアバター」だったよ。オレは、痛風の発作が出て、あまりにも痛くて参ったな。舞台へと階段を下りる時、真剣に手すりがあったらなと思ったもの。
長谷川　決勝でやったネタ、「CRまさのり」が出てくるパチンコ漫才は、3年くらい前に作ったよね。

渡辺　あの漫才は最初、二人で立ったままやっていた。でも、なんとなくパチンコ台の感じも出した方がいいんじゃないかなって思ってさ。

長谷川　喫茶店で打合せしていたら、隆がいきなり「ねえ、パチンコ台やってみて」って言ったんだよ。

渡辺　そうしたら雅紀さん、そのまま席を立って、中腰で、あのパチンコ台のポーズをやったんだよね（この章の扉の写真）。

長谷川　両サイドのチューリップの動き（玉が入って開閉する様子）も、見事だったでしょ？

渡辺　「CRまさのり」って言っているのに、あれじゃ、昭和のパチンコ台だよ。周りの客の目を気にしないでポーズをとり続ける雅紀さんを、5分間、笑い続けながら見てたもんね。世の中に、こんなバカなことがあるのかと思って。

長谷川　漫才でやる「まさのりギャグリーチ」の中に入れた「レーズンパンは、見た目で損してる！」や「キャラメルは、銀歯どろぼう！」の一発ネタとか、「のりのりまさのりダンス」……これらのネタには、特別な思い入れがあるんだよね。

渡　辺　うん。「レーズンパンは〜」は、『M－1』の後で、札幌市内で同じ名前のパンが売り出されたしね。雅紀さんの代表的なギャグとして、今では、皆さんに知ってもらえるようになったけど、ここまで来るのが大変だったからな。

長谷川　芸歴の長さは伊達じゃない、ってことだよ。

渡　辺　確かに。50歳のオッサンの頭を平気で引《ひ》っ叩《ぱた》けるのも、この芸歴あればこそだからね。ただ、皆さんはマネしちゃダメですよ。ボクらはちゃんと、芸として引っ叩いていますから。雅紀さんの後頭部のどこを叩けば痛くなくて、パーンと乾いたいい音がするか、ちゃーんと計算して叩いていますので。

長谷川　「計算ずくの挙動不審」だね。

渡　辺　意味が分かんないよ！

長谷川　芸人は、舞台やテレビを通じてお客さんを喜ばせるのが仕事だから、悲しい話や暗い話をするもんじゃないけど、この本ではボクらのことをよく知ってもらうためにも、色々な話を紹介していこうよ。

渡　辺　結成10年の節目の意味でもね。なぜ、オレと雅紀さんがお笑い芸人を目指して、この歳まで芸人を辞めずに続けたのか、読んでいくと分かるはずだよ。

長谷川　ダメダメ中年が、どうやってブレイクしたか。

渡　辺　というより、お笑いに興味のない人でも、「こういう人生もあるんだな」って、反面教師でもいいから読んでもらえると嬉しいな。

激動の2021年

渡　辺「『M‐1』決勝進出で、何が変わりましたか？」これ、必ず聞かれる質問なんだけど、何も変わっていないんだよね。

長谷川　その通り。ただ、仕事をたくさん頂けるようになったから、朝からロケ、収録、撮影、インタビューと忙しくなったけど、ボクらは基本的に何も変わっていない。睡眠時間がなくなりませんか、とよく聞かれるけど、それなりに寝ているし。

渡　辺　売れてない頃は、たっぷり寝ていたから。十分〝寝だめ〟ができているからね。変わったといえば、それまで当たり前のように続けていたバイトのシフトに入らなくなったことぐらいかな。

長谷川　自分自身ではなくて、周りが変わったというか、大騒ぎになったんだよね。

渡　辺　一度しか行ったことのないスナックのおばさんから連絡があったり、「昔、錦糸町の○○という店で○○と名乗っていた者です」という、おそらくキャバ嬢だろうと思われる人からメールが来たり。

長谷川　ボクは200件くらい、メールが来た。小中高の同級生もいたけど、一回しか行ってないバイト先の人とか、連絡は嬉しいんだけど、顔がまったく浮かんでこない。

渡　辺　あるな、そういうの。

長谷川　ボクは「Twitter もやっているんだけど、そこにも19歳か20歳の頃にやっていた警備員のバイトで一緒だった人から連絡が入ったんだ。「一緒にスーパーの駐車場で警備しましたよねー」って。

渡　辺　それくらい具体的なら、少しは思い出すでしょ？

長谷川　いや、それがね、一生懸命になって思い出したら、意外な記憶がよみがえってきたんだよ。

渡　辺　へえ、どんな？
長谷川　バイト中にどうしてもトイレに行きたくなって。現場には二人しかいないので、なかなか抜けられないんだよね。なんとかタイミングを見計らって、大急ぎでトイレで用を足したんだ。
渡　辺　イヤな予感がするな。
長谷川　そうしたら、警備で使う笛におしっこがかかっちゃって。いやあ、その後の笛のしょっぱかったこと。
渡　辺　汚ねえなぁ……って、思い出したのってそれ？
長谷川　はっはっはっはっはっ！
渡　辺　止《や》めろよ、その「殿様の笑い」。
長谷川　ボクは今、後輩芸人三人（ジャック豆山、元お団子まんじゅう・古澤、元ラズベリー・原澤たこやき）と同じアパートに住んでいるんだけど。
渡　辺　四人とも頭がハゲていて、見た目が似ているから「たまご会」と名乗っているんでしょ。しかし他の三人、みんな名前が食い物っていうのが凄いよ。

長谷川　『M－1』の決勝が終わってアパートに帰ると、玄関に三人が書いてくれた寄せ書きがあったんだ。

渡　辺　いい話じゃない。

長谷川　でもね、書いてあるのが白くて四角かったので、最初、ネズミ捕りが置いてあるのかと思ったよ。

渡　辺　色紙っていうのは、白くて四角いんだよ！

長谷川　あと、ボクがデビューしたばかりの頃、札幌でボクのライブを観に来てくれたという女性からTwitterに連絡があった。当時は小学生で、今は2児の母。いや、本当に時の流れを感じるね。こうした反応が寄せられるのも、テレビに出させてもらえるようになったからだけど、隆はどう？

渡　辺　オレは実家で父親と二人暮らしだけど、売れる前と何も変わらないな。近所のおじちゃん、おばちゃんたちも、昔から知っている人ばかりだけど、「テレビ見てるよ！」と声はかけてくれる。

長谷川　そのテレビだけど、今まで見ているだけでしかなかった番組に自分が出ることになって、とにかく緊張したけど、何が何だか分からないうちに収録が終わっているなんて、しょっちゅうだったものね。

渡　辺　出演することで、本当によく分かったことがある。テレビに出て活躍している人、つまり売れている人って、本当に凄いんだなって。トークにしても、出るべきところは出て、引くところは引く。そうかと思うと後半一気に前に出てきて全部持って行ってしまうとか。ケンコバ（ケンドーコバヤシ）さんや、ザキヤマ（山崎弘也《ひろなり》＝アンタッチャブル）さんとか、共演させていただくたびに勉強になる。

長谷川　皆さん、カンがいいというか、独特のセンスというか。トークを聞いていて返すのも、「あ、そっちなんだ」と気づかされることも多いし。

渡　辺　芸の差なんだろうね。収録とはいえ、番組は「生もの」だし、特にトークやバラエティ番組の現場で生まれた「流れ」は、同じことを何度も繰り返せるものではない。常に戦いなんだよね。

長谷川　とにかく、目の前の仕事をこなすことが精いっぱいで、自分が出た番組をチェックする暇もなかったからな。

渡　辺　これはコロナの影響だけど、収録後の打ち上げとか反省会がないんだよね。そこで、先輩たちからダメ出しやアドバイスをもらえると次に生かせるんだろうけど、今はこういう状態だから、なかなかそれもできなくて。だから文字通り、右往左往しながらの番組収録だった。

長谷川　トーク番組では、リアクションも大切だけど、その時に必要な「さしすせそ」も学んだね。

渡　辺　突然、なに？　ちょっと言ってみてよ。

長谷川　さ↓刺身が食べたいな！
し↓しょう油が最高だ。
す↓酢じょう油もいけるよ。
せ↓センチメートルな気分だよ。
そ↓ソイソースもいけるかも！

渡　辺　全然、違ぇよ！　なんだよ、センチメートルな気分って。ソイソースも、要はしょう油だろ。結局、刺身としょう油のことを言ってるだけじゃねえか。正しくはこうだよ。

さ↓「さすがですね！」
し↓「知らなかったです！」
す↓「すごいですね！」
せ↓「センスがいいですね！」
そ↓「そうだったんですか！」

基本的には相手の話をよく聞いて、大きくリアクションを取ることなんだ。ちなみにオレらが加入させて頂いている漫才協会の副会長、ナイツの塙《はなわ》宣之さんからは、浅草芸人の大物師匠と話すときは、とりあえず「すごいですね！」と言っておけばいいと、冗談混じりで貴重なアドバイスをもらっているけど。

あの番組に出たい！

長谷川　これもよく聞かれる質問なんだけど、「売れるようになったら、出たいと思うテレビ番組は何ですか？」ってやつ。

渡　辺　オレは、憧れだったダウンタウンさんと共演したし、明石家さんまさんの番組にも出たし、他にも諸先輩方と共演させて頂いたからな。

長谷川　こういうところでもさ、年齢の問題が出ちゃうんだよ。ボクが子供の頃から「いつか、あの番組に出たいな」と思っていた番組があるじゃない。でも、あまりにボクが売れるまでに時間かかっちゃったから、どの番組も終わっちゃったんだよね。

渡　辺　例えば？

長谷川　とんねるずさんの番組とか、『笑っていいとも！』とか『めちゃ×2イケてるッ！』とか。それで、今も残っているのは『徹子の部屋』と『世界の車窓から』だけなんだよ。

渡　辺　『徹子の部屋』はいいとして『世界の車窓から』？

長谷川　そう。いいでしょ。

渡　辺　マジで出たいの？

長谷川　うーん、そうか。確かに電車が出てくるだけだしな。

渡　辺　じゃあ「現地の人」で出ろよ。

長谷川　あとラジオにもたくさん呼んで頂いたけど、特に嬉しかったのは、『オールナイトニッポン0』で、パーソナリティーができたことだったな（2021年2月20日放送）。

渡　辺　雅紀さんはラジオ大好きだからね。特に『オールナイトニッポン』は大好きなんでしょ。

長谷川　中学の頃は毎晩、『オールナイトニッポン』を聴いてから寝てた。とんねるずさんに中島みゆきさんとか、大好きだったな。みゆきさんが、「今日の放送はテレビとラジオで同時生放送！」と言うから、当時、テレビがあった弟の部屋に忍び込んでテレビをつけたけど、砂嵐か外国のお城しか映らなくて。で、放送中に「今日はエイプリルフールでした！」ってオチがあって忘れられないね。次の日の朝、弟に「昨夜、何してたんだよー」と怒られたな。

渡　辺　オレはナインティナインさんに福山雅治さん、電気グルーヴさんとか聴いてたな。その番組に、オレたちが出たんだからね。放送のほんの2か月前まで、バイト生活をしてたから、喜びと興奮で大変だった。

長谷川　放送時間が日曜日未明の午前3時からだったけど、札幌の母親はリアルタイムで聴いてくれたし、弟も同じで「うらやましい」と言っていたんだって。東京に出てきて20年だけど、この間、弟に会ったのは2回しかない。それも、母親がやっている居酒屋でたまたま会っただけで、まともに話もしていない。

渡　辺　さっきの中島みゆきさんの件もそうだけど、雅紀さんは、弟さんとは、色々あったからねぇ。

長谷川　だから「うらやましい」と言っていたのが意外でね。『オールナイトニッポン』の持つ影響力も『M-1』と同じくらい、凄いなと思ったよ。

渡　辺　でもさ、『オールナイトニッポン』は、もともと若者向けの番組じゃない。特に『オールナイトニッポン0』は放送時間からしても、若者向けなのに、オレたちオープニングトークから、オッサン話ばっかりしていたからね。しかも、パーソナリティーも、若手の登竜門なのに〝若くない若手〟のオレらが出てきたんだから。

長谷川　隆がトイレでお尻を拭くときに前か後ろか悩んでいる話に続けて、ボクが便器の便座を下げるのを忘れて座っちゃって、トイレの中に落っこちた話とかね。

渡　辺　オープニングからトイレで話を広げたからねえ。しかも、午前3時開始の生放送だから、本番中にオレたち寝ちゃうんじゃないかとか、オレの見た目は子供の頃から変わってないとかね。

長谷川　ボクも中学時代にコートを買いに行ったら「お勤めですか?」って聞かれた話をしたね。

渡　辺　あと、雅紀さんの入れ歯の話か。洗浄液を楽屋に置くかどうかとか、知らない人が聞いたら、深夜にオッサンが愚痴を言ってるとしか思えないもんな。オレたちは盛り上がっていたけど、隣にいた作家さんから「若者が聴いている番組なんで」って何度も注意されたな。でも、起用して頂いたニッポン放送さんには大感謝だね。

街を歩けない!?

長谷川　いろいろな仕事をさせて頂いたことで、顔と名前が知られるようになったけど、自己紹介も色々と考えたね。

渡　辺　雅紀さんは、森泉さんに似ているから「無課金の森泉」とかね。

長谷川　ニコラス・ケイジにも似てるからね。

渡　辺　それは微妙だな。

長谷川　でも、後輩の芸人が、ニコラス・ケイジの映画を見ていたら、途中からどうしてもボクにしか見えなくなって、内容がまったく頭に入らなかったと言っていたよ。

渡　辺　ニコラスに謝れ！　で、オレが「金儲けを覚えた元力士」。

長谷川　隆は態度も言葉も落ち着いているし、デンと構えている感じがするからね。

渡　辺　小学生くらいの頃からこの顔なのよ。理髪店に行くと大人料金を取られたし、高校の時は学ランを着ているのにキャバクラのキャッチにつかまったし。

長谷川　ボクは23歳の時に、札幌でケンカをしている若者の仲裁に入ったら、「うるせえ、オッサン！」と言われたことがあるよ。

渡　辺　23歳なら、ありそうな話だよ！　でも『ロンドンハーツ』に初めて出演させて頂いた時に、漫才の衣装である紺色のスーツで出たら、「捜査一課の刑事みたい」と言われてね。

長谷川　そうそう。ナイツの土屋（伸之）さんからも「捜査一課っぽい」と言われるしね。

渡　辺　「銀行の頭取」とか「弁護士」とか、「失言で辞任した国会議員」というのもあったな。あと、タカアンドトシさんのＮＨＫのラジオにゲスト出演したじゃない。その時に、首からネームプレートをぶら下げて局内にいたら、マネジャーがオレに気が付かないいんだよ。

長谷川　完全にＮＨＫの、それもエラい人に見えたんだよ。

渡　辺　さんまさんには「昭和の初めのＮＨＫアナウンサー」と言われるしな。でも、いいこともあって、衣装を着ていない時って、すっかり街に溶け込むのか、誰にも気づかれないいんだよ。

長谷川　ボクは逆。この前、池袋でニットの帽子をかぶってマスクしているのに、通りすがりの若い人から「あ、錦鯉だ！」って気づかれちゃった。

渡　辺　歩き方がバカだったんじゃないの。

長谷川　そんなわけないよ！

渡　辺　漫才の衣装の白スーツを着ていたとか。

長谷川　着てないよ。もちろん「のりのりまさのり」を踊ってもいないよ。普通に歩いていただけ。

渡　辺　目で分かったのかな。雅紀さん、目力あるから。

長谷川　前は「Twitter」にも、こまめに返事をしていたんだけど、今はもう止めた。皆さん全員にはとても返せないし。体調を気にして血圧の数字を毎日書いていたことがあったんだけど「これを飲むといいよ」とか「病院に行ってください」とか、血圧をグラフに清書して送ってくれた人もいるんだ。本当にお礼を言いたいんだけど。

渡　辺　一人に返事を出したら、みんなにしないといけなくなっちゃうからね。

長谷川　番組で共演する20代の若手芸人と話していると、彼らが生まれる前から自分はバイトをしていたんだという現実に、ちょっと切ないものを感じるね。

渡　辺　年齢も芸歴も下なのに、テレビでの活躍はとっくに先輩だから、ついつい敬語で話しちゃう。でも、ヘンにタメ口で話すより、楽でいいんだけど。

長谷川　あと、とにかく痛感したのが基礎体力。さっきも言ったけど、休みはなくても、睡眠時間はそれなりにあったから、寝る時間もないということはなかったけど、やっぱり疲労回復に時間がかかっちゃう。

渡　辺　20代とは違うからな。

長谷川　寝ていても、2時間ぴったりで目が覚めちゃうんだ。それもきちんと2時間おきに目が覚める。おかげで眠りが浅い。

渡　辺　そんな話をすると、また「大変ですね」って同情されるぞ。

家族の反応

長谷川　でも、売れたことで家族にも安心してもらえるようになったのはよかったよな。宅配ピザや出前のお寿司も初めて頼んだし、今まではパンを買うのでも、安くて大きくて腹にたまるもの……結局、同じものばかり食べてたけど、今は値段を気にしないで食べられるようになった。

渡　辺　食べられるようになったとしても、雅紀さんは歯がないから駄目じゃないの。

長谷川　そうなんだよ。「歯のない人と行くならこんな店」というロケがあって、出てきた料理を、よく嚙まないで丸呑みしたんだ。そうしたら、その番組を姉貴が見ていて、母親に連絡したんだよ。

渡　辺　から揚げは手で千切って食べるとか、アーモンドチョコレートは口の中でチョコを溶かしてから前歯でアーモンドをかじるとか、息子がそんな生活をしていると知ったら心配になったんだよ。

長谷川　そうしたら、母親から電話がかかってきて、一喝された。

渡　辺　何て？

長谷川　それがさ、最初は妙に押し殺した声でね、「あんた、食べ物を丸呑みしているらしいね」って。「うん、そうだよ」と返事したら、間髪を容れずに、「丸呑みは芸じゃないよ！」って。「もしも、誤嚥して死んじゃったらどうしよう」って、本気で考えていたらしいから。

渡　辺　「私はヘビを産んだ覚えはない」ってお母さんは思ったんだよ。ていうか、母親からダメ出しって、ちっとも安心してねえじゃねえか！　50歳になるっていうのに、どこまで親に心配かけるんだよ。

長谷川　でもね、これも忙しくなったことで分かった発見なんだけど、売れるまでは、母親と話をするといっても、お金を貸してもらう連絡をするくらいで、まともな話をしていないから、ボクの歯が8本なくなったとか、東京での貧乏生活とか、テレビやラジオを通じて初めて知るんだよね。

渡　辺　雅紀さんは20年の『M－1』に出た頃まで、お母さんにお金を無心していたものね。

長谷川　そう。5千円とか1万円とか。でも、こっちの生活のこととか報告は一切しないから。

渡　辺　50近い息子からお金の無心なんて……ヒドい話だよ。

長谷川　でも、今はほぼ毎日、LINEで連絡を取るし、週に2～3回は電話をして直接、話をしてる。売れなくて時間がいくらでもある時はまったく音信不通なのに、忙しくなってから連絡が密になった。

渡　辺　しかし、雅紀さんの家族エピソードで言うなら、20代の頃、弟のパソコンを勝手に質屋に入れちゃった話。あれは強烈だね。

長谷川　弟には本当に迷惑をかけたよ。黙ってスーツを借りて、それを帰りの電車の網棚に忘れたこともあったし。

渡　辺　黙って持って行ったんだから、借りたことにはならないよ。ところでそのスーツ、出てきたの？

長谷川　いや、なくしちゃった。

渡　辺　最悪だろ！

長谷川　それも2回。

渡　辺　どこまでもひでぇ兄貴だな。

長谷川　普通は兄から弟へ、服を「お下がり」するけど、ウチは逆で「お上がり」。お笑いライブに出るんだけど、いい服なんか持っていないから、弟の服を勝手に着ていくこともあったな。靴もそうだったよ。

渡　辺　逆に弟に何かしてやったことはないの？

長谷川　小学生の頃、『コロコロコミック』の最新号を買ってきて、先に読ませてあげたことがあるな。

渡　辺　エラそうに言うことじゃねえよ。

長谷川　弟のパソコンを質屋に入れた時は、携帯の電話代が未納でさ。払わないと解約するという通知がきちゃったんだ。それで焦って焦って……もちろんお金はないし、借りられる人はいないし。

渡　辺　お母さんには、すでに何度もお金をもらっているから、頼めなかったんだよね。

長谷川　そうそう。それで、どうにかしてお金を作らないといけないと思って、弟のパソコンをお金に換えようと思ったんだ。

渡　辺　そこが分かんないよ。パソコンってデスクトップでしょ。

長谷川　うん。

渡　辺　そんな大きいものがなくなったら、すぐにバレるじゃん。後のこととか考えなかったの？

長谷川　細かいことは考えないんだよね。

渡　辺　怒られることを覚悟のうえで、というわけでもない？

長谷川　そうなんだよね。それで質屋に持って行って、3万円もらって、電話代払って、よかったと思って家に帰って、テレビ観てた。

渡　辺　大丈夫だと思っていたんだ？

長谷川　でも、弟が帰ってきてすぐに気づいてさ。

渡　辺　当たり前だよ！

長谷川　「あれ、パソコンがない。どうしたの？」って。その場で質屋に持って行ったと言ったら怒られると思ったから「友だちに貸した」と言ったんだ。

渡　辺　普通に考えたら、その友だちもヘンだろう。デスクトップパソコンを貸してくれなんて言わないし、もし言われても貸さないよ。

長谷川　ノートパソコンならまだしもね。

渡　辺　そういう問題じゃねえよ。

長谷川　で、弟のリアクションは「はあ〜？」ですよ。次に「勝手に何やってんだ」と怒鳴られて、土下座して謝ったんだけど、「泥棒、出ていけ！」と蹴っ飛ばされて。

渡辺　それで、どうしたの？
長谷川　出て行った。
渡辺　バカだな～。本当にバカだな。
長谷川　それで、母親に事情を話して。結局、母親からお金を借りて、質屋に行って、パソコンを戻した。人生初の質屋でした。
渡辺　ところで、パソコンはどうやって持って行ったの？
長谷川　え？　車だよ。
渡辺　だったらまず、その車売れよ！
長谷川　とにかく、追い込まれているから、周りが見えてないんだ。でも、弟のパソコンを質屋に持って行くのは、確かにヘンだよな。
渡辺　今ごろ気づいても遅いよ！
長谷川　でも、兄弟だから大丈夫。
渡辺　大丈夫じゃねえよ！　兄弟じゃなかったら犯罪だよ！
長谷川　血がつながってるから、笑い話になるんだな。

渡　辺　ギリギリセーフ、みたいな話にするなよ！　でも、この件で弟さんの許しは得られたの？

長谷川　母親を通じて「パソコンの件、ごめんね」と伝えてもらって。「もういいよ」と言ってくれたらしいんだけど。

渡　辺　兄貴を許さないといけないなんて、かわいそうに。家族の中にいる、やっかいな人だよ、本当に。でも、その弟さんも雅紀さんが売れて、喜んでくれているんでしょ。

長谷川　さっきも言ったように、東京に行ってから2回ぐらいしか会ってないし、まともに話もしていなかったんだけどね。

渡　辺　弟さんは、お母さんの近くに住んでいるんだよね。

長谷川　うん。長男のボクがこうだから、弟は札幌で仕事しながら、母親のことも見てくれている。そういえばこの前、テレビの収録で北海道へ帰ったら、弟がボクの出ている番組を全部録画していると聞いてね。その録画を見ながら、母と弟と三人でラーメンをすすったよ！

渡　辺　よかったじゃない！

長谷川　たまにテレビ局からの依頼で家族を取材したい、というのがあるんだけど、母親はたいていＯＫなんだけど、弟は今でもＮＧだろうな。

渡　辺　あの人が兄貴だったんだ、って思われたくないんだよ。

長谷川　「お前の兄ちゃん、歯が８本ないな」とか言われたくないだろうしな。でも、今は応援してくれているよ。隆はお姉さんがいるよね。

渡　辺　たまに連絡を取るくらいだね。会うことはないな。忙しくなったこともあるし。

長谷川　お父さんとはどうなの？

渡　辺　オレの出ているテレビはよく見てくれているけど、特に話すこともないな。「大谷（翔平＝エンゼルス）は凄いな」とは言ってるけど。

長谷川　そうか、お父さんと話しているんだね。

渡　辺　いや、でもほとんど話さないよ。必要最小限の会話だけ。

長谷川　でも、親子なんだから、通じることがあるんでしょ。マイコンタクトってやつ。

渡　辺　それを言うなら、アイコンタクトだろ！　しかも、例えが違うし。とにかく、コンビを組んで10年。雅紀さんのバカっぷりはますます拍車がかかって最高だけど、親や兄弟の話が出たところで、次はおたがいの幼少時の話をしてみようか。

長谷川　ボクは北海道、隆は東京。まだまだ出会うには時間がかかるな。

渡　辺　当たり前だよ。まずは子供の頃から話すんだから。しかも錦鯉が結成されるのは第5章までいかないと。読者の皆さん、まずはオレらの子供の頃の話から読んでくださいね。

どーも、ありがとうございました。

第2章 それぞれの生い立ち

子供のころ

長谷川　こ〜んに〜ちは〜!!

渡　辺　うるせえよ！

長谷川　分からないことは、ｉモードで調べるよ！

渡　辺　もう、ねえよ！

長谷川　よく漫才コンビって、プライベートでは別々に行動するのがいいって言うじゃない。いつも一緒にいると、同じものしか見なくなる。別行動なら、それぞれ発見があって、ネタにもなるって。

渡　辺　そうだね。オレらは違うけど。

長谷川　ボクらは周りがビックリするくらい、いつも一緒にいるね。大勢の飲み会でも隣同士の席になるし、もちろん楽屋は一緒だし。

渡　辺　楽屋といえば、寝るのはいいんだけど、あのイビキをなんとかしろよ。

長谷川　あのイビキって、ボクは分からないからなぁ。

渡　辺　気持ちよさそうに寝ているけど、近所で工事が始まったのかと思うよ。それもイビキというより「ガッガッガッガッガッガ」って、リズミカルに言ってるからね。マジで座布団を被せたくなる。

長谷川　それじゃ死んじゃうから……というか、隆がそんなことしないのは分かっているけど。ボクらの場合、7歳という年齢差がいいのかな。

渡　辺　あんまり意識したことないけどね。雅紀さんのこと、7歳上だから、と思うこともないし。ただ、普段の言動から、この人いくつなんだよ、と思うことはたくさんあるけど。

長谷川　逆にボクがよく隆に怒られるからね。今のイビキのお説教みたいに。隆はボクにとって東京のお母さんであり、お兄さんでもあるからね。

渡　辺　イヤな弟だよ。

長谷川　というわけで、年齢のことばかり注目されてしまうボクらだけど、ここではお互いの生い立ちを振り返ろうか。

渡　辺　雅紀さんはエピソードが豊富だよね。羨ましいくらい。今だって一緒に歩いていると、よく職務質問されるからね。漫才の衣装を着るとノックアウト強盗みたいに見えるし、近所ではずっと、インドの人だと思われていたぐらいだから。

長谷川　そうそう……って、それは生い立ちのエピソードとは関係ないでしょ！　ボクは北海道札幌市の生まれ。実家は二条市場で、珍味と乾物のお土産物などを売っていた。ボクの祖父が始めた商売で、父はそのまま後を継いだんだ。

渡　辺　けっこう流行っていたの？

長谷川　そうだね。土産物をやっているのはウチぐらいだったので、巡業で来た力士が買い物に来ることもあったよ。自慢話みたいになっちゃうけど、この頃のウチは、金持ちだったんだ。二つ上の姉がいるんだけど、日本舞踊に茶道にエレクトーン、さらに英語まで習わされていたからね。

渡　辺　へー、すごいじゃん。

長谷川　でも、ボクが小学校1年の時、父親が事業のからみで、騙されちゃったんだね。経営していたお店を乗っ取られちゃうんだ。それで生活が急変することになる。

渡　辺　あまりにも劇的な展開。まるで大映テレビのドラマみたいじゃん。といっても、今の若い人には大映テレビって、分からないか。『不良少女とよばれて』とか『少女に何が起ったか』とか、懐かしいな。

長谷川　で、ボクの家族だけど、祖父に両親、姉とボクと二つ下の弟、六人家族は狭くて古いアパートに引っ越した。問題はここからなんだよね。

渡　辺　生活が苦しくなったから、せーので、万引き家族になったの？

長谷川　違うよ！　父親がまったく働かなくなっちゃったんだ。騙されたことがショックだったのかな。

渡　辺　人を信用できなくなっちゃったんだろうね。

長谷川　それから、家族の生活を支えたのは母親なんだ。スーパーで働いて、日給でお金をもらい、その足でお米屋さんに行って、家族六人分のお米を買って、ビニール袋に入れて帰ってくる。

渡　辺　180度、真逆の生活になったんだ。

長谷川　そう。トイレもくみ取り式になっちゃって。

隆の謎

渡　辺　オレは両親と姉、四人家族。

長谷川　ずっと東京だよね。

渡　辺　うん。ただ、雅紀さん家《ち》みたいに、劇的なことは何もない、ごくごく普通の家庭だよ。

長谷川　お父さんは何をしていたの。

渡　辺　昔は魚を売っていたけど、体を壊して辞めて、そのあとは定年までトラックドライバーをやっていた。姉との関係も普通。本当に何もない、ごく一般的な家庭だよ。

長谷川　いやいや、そうは言っても隆は謎めいているからね。

渡　辺　謎？　どういうこと。

長谷川　錦鯉はボクのキャラクターが前面に出ていることもあって、隆の実態が、正確に伝わっていないんだよ。

渡　辺　実態って、別に。ただの普通のおじさんだよ。
長谷川　いやいやいや。あなたは謎めいている！
渡　辺　アンタに言われたくないよ！　でも、前にネットニュースでオレたちの記事が出ていたんだけど、写真の下に「錦鯉　長谷川雅紀と他一人」って紹介されていたことがあって、あれはショックだったなあ。Twitter でも、「錦鯉ってコンビだったんだ」という書き込みがあったし。
長谷川　同じ事務所（ソニー・ミュージックアーティスツ＝以下SMA）のバイきんぐの小峠（英二）からは「隆は自分を売り出すタイミングを計っている」と言われてたね。
渡　辺　そんなことないんだけどなあ。
長谷川　でも小峠や、これも同じ事務所のハリウッドザコシショウからの信頼は絶大だからね、隆は。
渡　辺　そうかね？
長谷川　だって、毎年やっている単独ライブに、全てかかわっているじゃない。一緒にネタも作っているし。もう、ブレーン的存在だもんね。これも同じ事務所だけど、アキラ100%の芸名を考えたのも隆だし。バイきんぐは『キングオブコント』優勝、ザコシショウとアキラは『R－1ぐらんぷり』（現・R－1グランプリ）優勝と、見事な経歴の持ち主だからね。ふだんはあまり表に出てこない、隆のこういう凄さを、もっと読者の人にも知ってもらいたいね。

渡　辺　バイきんぐにザコシショウに、アキラ100%……見事に、ハゲと裸しかいないよな……ていうか、ウチの事務所で売れているのは、ハゲと裸ばっかりなんだな。錦鯉も、この法則の通りになってくれるといいんだけど……あ、いや、オレは裸にはならないよ。

長谷川　じゃあ、ボクが一肌脱ごうか！

渡　辺　いいよ！　もう十分、ハゲてるだろ！

長谷川　そういえば隆は、中学時代は野球、高校時代はアメリカンフットボール、大学ではサーフィンをやっていたんだよね。凄いよね、何だかアメリカの人みたい！　だから謎めいているんだね。

渡　辺　どこがだよ！　野球とアメフトとサーフィンやってたからアメリカ人って、ボケが雑すぎるよ！

長谷川家の苦難

渡　辺　雅紀さんの家の話に戻るけど、お父さんは結局、仕事を何もしなかったんだ。

長谷川　店を乗っ取られた後は、たまに働きに行っても長続きしないですぐに辞めちゃう。その繰り返しだった。

渡　辺　じゃあ、いつも家にいるんだね。

長谷川　一日中、テレビを見て。それもＮＨＫのニュースとスポーツ中継。あとは新聞を隅から隅まで読んでた。ボクが中学の時に、両親のあいだで離婚話が出て、ケンカをした母親が家を飛び出してね。ボクがその後を追いかけて。そうしたら公園のベンチでアルバイト情報誌をめくりながら、お金になる仕事を探していた母親を慰めたこともあったな。

渡　辺　うーん、やっぱり大映ドラマの世界だな。

長谷川　で、姉が私立高校に進学するために、母親が貯めておいたお金を、父親がパチンコで使っちゃうんだ。母親が「どうするの、高校に行けないじゃない！」と言うと、父親は「行かなきゃいいんだよ！」って。

渡　辺　やっぱり父子だなあ。雅紀さん、似たようなことを、上京してからやっているからね。DNAだよね。雅紀さんは、お父さんと腹を割って話したことはあるの？

長谷川　全然、ない。というか、父親に関しては何も思い出がないな。高校まで一緒に住んでいたけど。放任主義といえば聞こえがいいけど、要は子供に興味がなかったんだろうな。

渡　辺　興味がない、ってどういうこと。

長谷川　小中学校の頃に、通知表をもらって家に帰ると、親が「見せろ！」と言って、成績があんまりよくない子供は「嫌だよ！」なんてやり取りがあるじゃない。ウチは逆で「お父さん、通知表見て！」と言っても「ああ、後で見る」。結局、見ないでそのまま。

渡　辺　暴力とかは？

長谷川　それはなかったよ。ただ、会話がないんだ。ちょっと変わった人というのかな。父親の友人を見たこともないし。何が楽しくて生きているのか、一度、聞いてみたかったな。

渡　辺　でも、それはウチも同じだよ。父親と腹を割って話をしたことなんてないし、今もそう。当たり障りのない話しかしないよ。

長谷川　だからボクは完全なおじいちゃん子。ある時期、「父親からの愛をまったく受けていないな」なんて思ったこともあるけど、そんな家どこにでもあるし。自分の境遇を誰かのせいにしても始まらないというか、自分で切り開いていくしかないんだよね。

渡　辺　きょうだいは仲よかったの？

長谷川　仲は悪くはないけど、かといって仲がいいというわけでもなく。ただ、〝三人兄弟あるある〟かもしれないけど、姉と弟は仲がいいんだ。でも真ん中のボクは放っておかれちゃう。

渡　辺　ああ、そうなんだ。お姉さんとはいくつ違うんだっけ。

長谷川　姉と弟と、2歳違いなんだ。だから子供の頃、兄弟って2歳ずつ離れているんだってずっと信じ込んでた。

渡　辺　そんなわけないだろ。周りにいる他の家の兄弟を見ればすぐ分かるだろうよ！

長谷川　で、ボクは「マッチ」って呼ばれていたんだけど。

渡　辺　近藤真彦さんに謝れよ。

長谷川　いやいや、「マッチ」って呼ばれたのはボクの方が先だから。で、姉のことは名前をもじって「たーちゃん」って呼んでいたんだ。そうしたらある日、姉が「今日から私のことを、姉ちゃんって呼びな」って。

渡　辺　学校で何か言われたのかな。家で「たーちゃん」って呼ばれているんだねとか。年頃の女の子だと気にするだろうから。

長谷川　それからは「姉ちゃん」と呼ぶようになったんだけど、よし、それならと思って、弟に「これからはお兄ちゃんと呼べよ」と言ったんだ。そうしたら弟は「じゃあ、俺のことを〝弟〟って呼べよ」って。兄が「おい、弟！」なんて呼ぶ兄弟、いないよね。

渡　辺　いたら本当のバカ兄弟だよ。いかりやさんと仲本さんの「長介・工事のバカ兄弟」もビックリだよ！

長谷川　懐かしいな、『ドリフ大爆笑』。若い読者には分かるかな？

渡　辺　舞台設定が大仕掛けの『8時だョ！全員集合』もいいけど、シチュエーションコントに凝った『大爆笑』もいいんだよね〜。

長谷川　話を戻すけど、結局、呼び方は曖昧になって、今に至るまで、人生で「お兄ちゃん」と呼ばれたことはない。「マッチ」の次は、単に「ねえ」と呼びかけるだけ。

影響を受けた「笑い」

渡　辺　ウチのきょうだいは特に何もないな。中学時代は野球部で、勉強も普通にしていたけど、厳しいとかうるさい親ではなかったし。

長谷川　悪い友だちとかいたんじゃないの？

渡　辺　そうだね。不良の友だちもいたけど、彼らって夜に気合い入れて遊ぶじゃない。でも、オレの場合、夜はテレビを見たかったので、そういう誘いにはのらなかった。

長谷川　人生で最初に笑ったテレビ番組は何か、覚えている？

渡　辺　今、ドリフの例を出したけど、志村けんさんだな。ヘンな顔とか、存在そのものが面白くて、最初に笑ったのは志村さんだな。

長谷川　ボクらの年代はやっぱり『8時だョ！全員集合』でしょ。

渡　辺　いかりや長介さんが、おっかなくてね。でも、そのいかりやさんに志村さんが絡んでいくでしょ。子供心に思っていたからね。「志村、もうふざけないでくれ。いかりやはマジで怖いから！」って。

長谷川　ボクは欽ちゃん、萩本欽一さんだね。出演されていたテレビは必ず見ていた。小学校6年生の時に、自分ではなくて、自分が友だちを紹介する「他己紹介」というのがあったんだけど、そこで「長谷川君は欽ちゃんのことが大好きです」って紹介されたからね。

渡　辺　それくらい欽ちゃんが好きだったんだね。その頃、萩本さんは出演していた番組の視聴率を全部足して、「視聴率100％男」と呼ばれていたものね。

長谷川　あと、自分の原点というと小学生の頃によく読んだ『コロコロコミック』。今やっている、まさのりダンスの動きとか、ヘンな顔とか、『コロコロコミック』で読んだ漫画から影響を受けていると思う。小学生の時には大学ノートでオリジナル雑誌を作ったよ。雑誌名は『ド・ファイトコミック』。9本の漫画を全部、自分で描いたんだ。中でも「釣り田三吉」という漫画は、ライバルと釣りをして釣った魚の数と大きさで勝敗がきまるんだけど、必殺技は「たつまき大スピーン」！（70ページ参照）

渡　辺　もういいよ！　で、志村さんの後、オレは小学校5年の時に、ダウンタウンさんを見てね、一発で好きになった。あの二人みたいになりたいと思ったよ。漫才もコントもトークも、とにかくハマったな。後で、東京NSC（吉本総合芸能学院）に入るのも、ダウンタウンさんのようになりたいと思ったからだから。

長谷川　隆は本当にダウンタウンさんが好きだからね。2021年に『ダウンタウンDX』に出させて頂いた時は本当に緊張してたよね。

渡　辺　本番前に浜田（雅功《まさとし》）さんが「君らが錦鯉か」って気さくに話しかけてくれたんだよ。感激したなあ。松本（人志《ひとし》）さんとは『M-1』で既にお会いしていたけど、浜田さん、オレたちを見ただけで笑ってくれたものね。収録では、ダウンタウンさんの正面に座ったんだけど、本番中、お二人が大型ダンプに乗って、こっちに突っ込んでくるような迫力を感じたよ。ああいうのをオーラっていうんだね。

グレなかった理由

渡　辺　子供の頃は貧しかったというけど、雅紀さんは、辛いなーと思うことはなかった？

長谷川　小学校の時は、毎日同じジャージで通っていたな。誕生日のお祝いだとか、クリスマス、ひな祭り、こどもの日、そうしたイベント関係は一切なし。唯一、あったのは小学校低学年のクリスマスに、コン・バトラーV（アニメ『超電磁ロボ　コン・バトラーV』）のロボットを買ってもらったくらい。

渡　辺　ラジカセとか買ってもらわなかった？

長谷川　ボクが高校に入学した頃、入学祝にステレオコンポを買ってもらうのが流行っていたんだけど、もちろん、ウチはなし。ビデオデッキも、電子レンジもなかった。

渡　辺　でも、親だって大変なんだよね。子供に惨めな思いをさせたくないと、必死になっていることが多いんだよ。

長谷川　そうなんだよ。小学校の時にクラスの連絡網ってあったじゃない。運動会とか遠足があると、中止の時に連絡が回ってくるやつ。あの頃、電話がない友だちっていたんだよね。ご近所を連絡先にしておいてさ。で、母親は、ボクたちに惨めな思いはさせたくないからと、ウチには家電製品はなくても電話機はあった。こういう話はずいぶん後になってから聞いたんだけど。

渡　辺　さっきの大映ドラマの世界じゃないけど、そういう生活の中で、雅紀さんはグレることはなかったの？

長谷川　ボクは、そういうのはなかったんだよ。でも、家が貧乏だし、父親が働かないから真面目に勉強して、ちゃんと就職して、自分が一生懸命働かないといけない……とは考えなかったんだよね。

渡　辺　どう考えたの？

長谷川　勉強もしないし、働かない。パチンコも好き。結局、父親に似ちゃったな。

渡　辺　最低だよ！

長谷川　でも、母親が言うには、きょうだいの中でボクだけが学校で問題を起こすこともなく、反抗期がなくて、一番いい子だったって。

渡　辺　でも、卒業してから一番、迷惑かけたのはアンタだよ！

長谷川　そうだねえ。姉貴や弟は、ちゃんと働いて母の日にカーネーション贈ったり、お金を振り込んであげたりしていたからな。

渡　辺　雅紀さんは、つい最近まで金を借りていたからなあ。考えたら、学校を卒業してから、ほとんどそうだから……学校に通っていた時期の2倍くらい、迷惑かけているんだからね。

思春期の頃

長谷川　一時期、ボクは家族の中で、本当は異常者じゃないかと思われていたんだよ。

渡　辺　その通りだよ！

長谷川　いやいや、それがね、弟が持っていた精神科医の本があって、その中に異常者を見極めるチェックシートがあったんだ。それで、ボクの行動と照らし合わせると、見事に異常者だったんだよ！

渡　辺　エラそうに自慢することじゃないけど、その「おかしな行動」って何なの。

長谷川　まぁ、簡単に言えば、子供の頃から人の目を気にしないというかね。

渡　辺　そうだろうな。ちゃんと気にしてたら、今でも爪をきれいに切るだろうし、くしゃみをしても、後で鼻をかんだりしているはずだよな。

長谷川　いや、鼻はかんでるから！

渡　辺　爪も切れよ！

長谷川　これは小学校5年生の頃だけど、そういえば自分の肛門を見たことがないなあと思ってね。

渡　辺　普通は思わねえぞ、そんなこと。

長谷川　で、居間で『トムとジェリー』をテレビで見ながら、母親の手鏡を使って尻の穴を見ていたら、弟が帰って来たんだ。

渡　辺　「兄ちゃん、何、肛門見てるの？」って言われた？

長谷川　いや、気を遣ったんだろうね。「今月の『コロコロコミック』買った？」って聞いてきたよ。

渡　辺　アンタが兄ちゃんで、本当にかわいそうだよ。

長谷川　同じ頃、キスってどんな味がするんだろうって興味があって、母親の部屋でタンスの鏡にうつった自分の顔とキスをしたときは姉貴に見られた。黙ってすぐに戸を閉められちゃったけど。ファーストキスの味はしょっぱかったな。

渡　辺　ファーストキスの味と、警備員のアルバイトをしていた時におしっこをかけた笛が同じ味というのも凄い話だな。

長谷川　あと、飼っていたウサギのふんを、麦チョコと勘違いして食べちゃったことがある。

渡　辺　アンタにふんを食われるなんて、ウサギに同情するよ！

長谷川　それでも、思春期の頃は、それなりに人目を気にしてたんだよ。『MEN'S NON-NO』を毎号買って、髪型も決めてたし。杉山清貴さんにも憧れていたな。白いジャケットを真似て買ったもん。

渡　辺　杉山清貴さん？　オメガトライブ？

長谷川　そうだよ！

渡　辺　いくつ頃の話？

長谷川　中学生だよ。

渡　辺　見た目も相当、気を遣っていたんだ。それなのに、この頃にコートを買いに行ったら「お勤めですか？」って聞かれたんでしょ。

長谷川　だからかなあ……高校を卒業したあたりから、人の目を気にしなくなったんだよ。寝癖がついたまま外を出歩いて、風呂も入らない。髪も伸ばしっぱなし、ヒゲもそのまま。

渡　辺　人の目を気にしないんじゃなくて、不衛生。というか、ただの面倒くさがりなんじゃないの。

長谷川　服だって、警察に捕まるから着ていたようなもので。なんなら裸で出歩きたいと思っていたくらい。

渡　辺　ただの変態じゃねえか！

長谷川　それで家族が会議を開いて、ボクが病気なんじゃないかって真剣に心配したんだ。それで弟の持っていた本でチェックしたというわけ。

渡　辺　実際に病院に行ったの？

長谷川　うーん、それが家族とじっくり話してみたら、会話は普通にできるし、じゃあ大丈夫かとなったんだけど……。

隆の青春時代

渡　辺　オレは高校が日大一高で、入学と同時にアメリカンフットボール部に入ったんだ。

長谷川　野球は続けなかったんだ。

渡　辺　そうだね。そんなに興味があったわけじゃないけど、何か別な部活がやりたくて。でもキツかったねえ。とにかく毎日、走らされた、もちろん休みなんてなし。

長谷川　日大といえば、アメフトの名門チームがあるね。

渡　辺　よく知ってるね。

長谷川　「不死鳥」だっけ？

渡　辺　「フェニックス」だよ！　何かとお騒がせだけど。

長谷川　イヤな先輩とか、いなかった？

渡　辺　いたなあ。1コ上の先輩で。メチャクチャ運動神経よくて、チームのエースでさ。でもその先輩、留年しちゃって。チームのエースがダブって2年の時に同じクラスになったんだ。

長谷川　同じ学年になっても、上下関係は変わらないんでしょ？

渡　辺　そう。昼は食堂に、その先輩の昼飯を買いに行って。クラスの他の奴には気を遣うんだけど、同じ部活のオレにはそうじゃない。ま、悪い人じゃないんだけどね。日大に進んで「フェニックス」に入ったし。

長谷川　隆の代は強かったの？

渡　辺　そうでもなかったな。一つ上の、その先輩たちの代は強いんだけど。オレたちは人数も少なくて。それで、練習の時になると、OBが来るんだよ。それが嫌でねえ。

OBっていっても、大学では1年で下っ端だから、そのうっぷんをオレたちにぶつけるんだよね。

長谷川　お前ら、気合いを入れろ！　ってやつだね。

渡　辺　そんな生易しいもんじゃない。とにかくタックルの練習で吹っ飛ばされるんだよ、何度も何度も、練習中、ずっと吹っ飛ばされて。一度、夏に原付バイクにはねられたことがあるんだけど、タックルで吹っ飛ばされた時の方が痛かったからね。

長谷川　平成の〝原付殺し〟だね。

渡　辺　〝熊殺し〟ウィリー・ウィリアムスと一緒みたいに言うな！　ていうか、たとえが古すぎるよ！　とにかく毎日ぶつかる、吹っ飛ばされる、走らされる、その繰り返し。その練習があまりに辛くてさ、一度だけ、これは練習試合の時だけど、なんでオレこんなに走らされるんだろうと思っちゃって。で、手もとを見て、そうかこのボールを持ってるからオレは走らないといけないんだ、と思って。それでボールを投げ捨てたことがあるんだ。

長谷川　試合中に？

渡　辺　そう。大問題になったよ。「渡辺が試合中にボールを投げ捨てた。あれはどういうことだ⁉」って。本音を言ったら、物凄い怒られるから、とにかく「すみません」で押し通したけどね。

長谷川　でも、アメフトはずっと続けたんでしょ。

渡　辺　うん。3年間、続けたね。オードリーのお二人が同級生なんだけど、日大二高でアメフトやってたんだよね。練習試合で当たっているかもしれないんだけど、記憶はないんだよな。ただ、あの頃は二高も三高も強くて、ウチの一高はそうでもなかったから。前に、『あちこちオードリー』に出演させて頂いたときにその話になって、懐かしかったな。

長谷川　隆は、この高校時代に、江波戸《えばと》（邦昌＝元オテンキ）と知り合うんだよね。

渡　辺　そう。高校を卒業して二人で東京NSCに入るんだけどね。雅紀さんは高校時代はバドミントン部だっけ？

長谷川　うん。ただ、運動は苦手だったから、体育も嫌いだったし。でも友だちに誘われて、入ったんだ。ある日、放課後に顧問の先生がいなかったから、練習をしないで体育館でみんなでふざけていたら、先生がいきなり帰ってきて、物凄く怒られたんだ。
渡　辺　横一列に並ばされるんでしょ。一人一人の顔を見ながら、怒りまくるんだよね。
長谷川　同級生や先輩はふてくされて、ズボンのポケットに手を入れたままだったんだ。ボクは違うよ。ちゃんと気をつけをして聞いてた。
渡　辺　そりゃあ態度が悪いな。先生はもっと怒るでしょう。
長谷川　そうそう！　そうしたら先生が「手からポケットを出せ！」って言ったんだ。本当は「ポケットから手を出せ！」って言いたかったんだろうけど。でも、ボクは素直に先生の言葉に反応してしまい「手からポケット？」って言い返しちゃったんだ。
渡　辺　心の中で言い返せばいいのに、口に出しちゃうところが雅紀さんだよね。
長谷川　そうしたら「口ごたえするな！」って、ボクだけビンタされた。ポケットに手を入れていないのに。
渡　辺　行き場のない八つ当たり、ってやつだね。
長谷川　ビンタはまだあるんだよ。修学旅行の時、ボクは委員長だったんだけど、就寝時間になっても騒いでいたんだ。そうしたら先生が部屋に来て並ばされてさ。

渡　辺　あ〜あ、同じ展開だ。

長谷川　そうしたら先生が「今、何時だと思ってるんだ！」って。それで黙っていればいいものを、ボクが隣の友だちに「今、何時なの？」って聞いちゃった。

渡　辺　うーん、よく聞いてみれば、学生時代のイヤな思い出というより、ただのバカエピソードだな。ところで、部活はどうしたの、続けたの？

長谷川　いや、2年の途中で辞めちゃった。長続きはしなかったな。

渡　辺　でも、こうしてネタになる話があるんだから、何かやっておいて損はないよ。

長谷川　そうなんだけど、学生時代のボクは、人前で何かをやるとか、面白いことをするとか、全然、そういうタイプではなかったからね。同級生は、お笑い芸人になっているボクを見て驚いていると思う。

渡　辺　今、コロナ禍じゃない。学校がオンラインになったり、卒業式や入学式、修学旅行に文化祭とか、あらゆる行事が中止になったり、縮小されているよね。当事者にとっては辛くてイヤなことでしかないだろうけど、オレが言えるのは、将来、この時期の経験がいい意味でも悪い意味でも「思い出」になるから、ということ。

長谷川　同感だね。ボクたちの仕事でいうと、ライブができなかったり、ロケ番組ができなかったり、いろいろな制約があるけど、その中でどうやって漫才をやっていくか考える、いい機会になったととらえてる。

渡　辺　その思い出を、将来、どんな形で語れるようになるか、今は何も分からないけど、ずっと先になって今の時代を振り返ると、いろんなものが見えてくるよ。

長谷川　じゃあ、ボクのイビキも、あと5年ぐらいしたら、いい思い出になるのかな。

渡　辺　絶対、ならねえよ！

どーも、ありがとうございました。

雅紀が描いた「釣り田三吉」。

おじいちゃん子だった雅紀（右）。

母親に抱かれる雅紀。

高校時代の隆と父。

アメフト部時代の隆。さあ、どれだ？（正解は23番）

第3章　芸人になる！

高校卒業時の二人

長谷川　こ〜んに〜ちは〜!!
渡　辺　うるせえなあ。
長谷川　竹野内豊さんと、同い年だよ！
渡　辺　悲しくなるよ！
長谷川　どら焼きは、粒あん派だよ！
渡　辺　聞いてねえよ！
長谷川　それにしてもよく、人に歴史あり、というでしょ。
渡　辺　いきなりだねえ。まあ、そうだけど。
長谷川　というわけでこの章では、ボクたちが芸人を目指した頃のことを色々と話そうと思うんだ。
渡　辺　雅紀さんもオレも、スタートは吉本なんだよね。

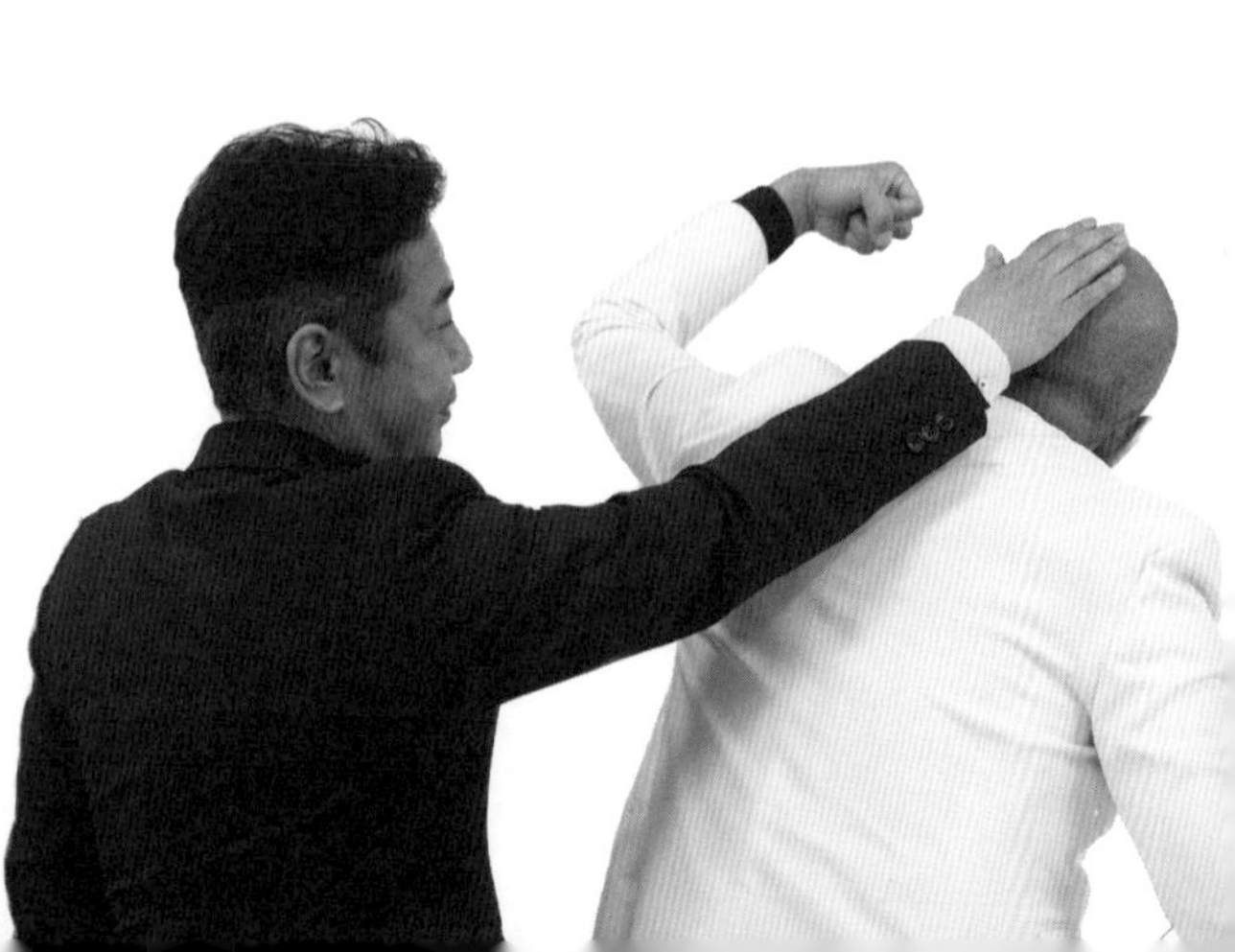

長谷川　そうなんだけど、ボクの場合、他のお笑い芸人とはちょっと違うんだよ。大体みんな、将来は芸人になりたいと、早くから心に決めるでしょう。それで学校を卒業してオーディションを受けたり、隆みたいにNSCに入ったり、事務所に所属したりするじゃない。でも、ボクは高校に入っても、何にも考えないというか、将来のアテもないし、希望も夢もない。バイトした金もパチンコで使っちゃって……何をやろうとか、やりたいとか、本当に何もなかったな。

渡　辺　オレは前にも話した通り、ダウンタウンさんに憧れて、中学生の頃かな、お笑い芸人になりたいな、と考えたことはあったけど、雅紀さんと同じで本格的にどうのこうのではなく……。高校ではアメフトをやって、大学に受かったから、じゃあ行くかという感じで、とりあえず大学生になったみたいな感じだね。

長谷川　やっぱり大学生って、黒いマントに角帽をかぶって、手ぬぐいをさげて、下駄はくんでしょう？

渡　辺　それはバンカラ学生だろ。いつの時代だよ！

長谷川　隆は大学時代に、ハコ乗りに目覚めたんだよね。

渡　辺　ハコ乗りじゃねぇよ！　波乗り！　サーフィンだよ。ハコ乗りは暴走族だろ。大学生になって暴走に目覚めるヤツなんて、なかなかいないよ！

渡辺家の悲劇

長谷川　でも、それなりに学生生活をエンジョイしていたんでしょ。東京NSCに入ったのはいつ？

渡　辺　大学3年になる春だね。高校時代の同級生だった江波戸を誘って。憧れのダウンタウンさんみたいになる、って心に決めてね。でも、母親は大反対。せっかく大学に入ったのだから、卒業して、普通に就職して欲しいと思っていたみたい。

長谷川　お父さんは？

渡　辺　父親は逆だったな。「好きなことをやれ」って。昔からそうだけど、勉強しろとか、就職がどうのこうのとか、細かいことを言わない。NSCに入ると言ったときも、反対はしなかった。

長谷川　背中を流してくれたんだ。

渡　辺　押してくれたんだよ！　風呂に入ってんじゃねえよ！　それでＮＳＣに入学したんだけど、母親には悪いことをしたと思っている。というのも、ＮＳＣに入った後、大学を辞めちゃったんだ。母親には何度か「大学は卒業して欲しかった」と言われたからね。

長谷川「学歴の途中下車」。なんかカッコいいね。

渡　辺　ちっともよくねえよ！　何が悲しかったかといえば、ＮＳＣに入った翌年の1月、交通事故で母親が亡くなったんだ。あまりにも突然のことだったけど、父親と姉と三人の生活が始まってね。同じ家に住んでいるけど、一緒に飯を食うこともなくなって、それぞれのペースで生活するようになった。

長谷川　お母さんが急にいなくなるということは、大変なことだよ。ボクも、高校を卒業する前に両親が離婚して、母親と生活するようになった。父親は東京で働いていたようだけど、ボクはといえば、デザインの専門学校に進学。でも、明確な志望動機があったわけじゃないから、すぐに辞めちゃった。

渡　辺　そこから、雅紀さんの波乱の人生が始まるんだよね。

長谷川　そうそう。とにかくバイトを転々としていた。ホストクラブでホストをやったこともあるんだ。お酒を飲んで女の子と話をすればいいんだから、こりゃ楽でいいやと思っていたんだけど、やっぱり世の中、そんなに甘くはないね。

渡　辺　何が困ったの？

長谷川　20歳の頃なんだけど、まだ女性経験もないから、女の人とうまくコミュニケーションが取れなくて。それに女心とか、女性心理とか、まったく分からないし。

渡　辺　なるほど。童貞だったのね、雅紀さん。

長谷川　「エピソード・ゼロ」と言ってよ。

渡　辺　なにカッコつけてんだよ！　シリーズものの映画じゃないよ！

長谷川　しかも、ホストとしての源氏名が、「マツモトキヨシ」。まいったよ。最初はウケるかなと思ったけど、名刺を渡してもダダスベりで、札幌のホストクラブじゃムリ。千葉県じゃないとダメなんだね。

渡　辺　マツモトキヨシは千葉が発祥だから……って、説明が必要なボケはいいよ。でも、なんでそんな源氏名になったの。あのヒロシさんだって、ホスト時代は「冴神剣《さえがみけん》」ってカッコいい源氏名だったのに。

長谷川　後輩にキヨシっていうカッコいいやつがいて。その名前がいいかなって思っていたら、店長が「マツモトキヨシ」にしろよって。さすがに、リチャードとか、エドワードなんて源氏名はないからね。

渡　辺　当たり前だよ！　大体、いつの時代だよ！　ホステスさんだって、エリザベスちゃんとかダイヤモンドちゃんなんて、もういねぇぞ！

長谷川　はっはっはっはっは。

渡　辺　やめろ、その笑い。お祭りで、社務所で飲んでいるオヤジみたいだからな。

タカアンドトシとの出会い

長谷川　そんな感じだから、ホストクラブのバイトも長続きはしなかったな。で、札幌のカプセルホテルでフロントのバイトをしているときに、バイトの先輩で、地元で劇団をやっている人と知り合いになって。

渡　辺　それで、その劇団に入ることで、雅紀さんの人生が変わるんだよね。

長谷川　本当に出来心で、「面白そうですね」って言ったら、「長谷川君も出てみる？」「はい！」みたいな。

渡　辺　最初の役って何だったの？

長谷川　うだつの上がらないサラリーマン。主役だからね。

渡　辺　主役？　いきなり？　何で？

長谷川　いや、その劇団はバイトの先輩と、ボクと、あと女性が一人の三人編成でね。

渡　辺　トリオじゃねーか！　何が劇団だよ！

長谷川　いや、そもそもこの劇団は、バイトの先輩が一人でやっていたんだ。

渡　辺　凄ぇな。本物の「劇団ひとり」だ。

長谷川　そこにボクが入って、青森の女の子が募集広告を見て応募してきて、基本この三人。ただ、さすがにこれだと足りないから、公演のときは座長の知り合いの人が加わって六人で初回公演をやったんだ。忘れもしない、1回目の芝居のタイトルは『たそがれに抱かれて眠れ』だよ。

渡　辺　それって、吉川晃司さんの『ＫＩＳＳに撃たれて眠りたい』に影響を受けたんじゃない？

長谷川　ちょっとパクりだったかもね。でも、劇団の活動で目覚めたんだよね。人を笑わせるって本当に気持ちがいいんだな、って。

渡　辺　お客さんの反応が直だからね。

長谷川　そうそう。泣かせる場面って、お客さんの反応は舞台の上にいる自分には分かり難いからね。涙を流す人と、そうじゃない人。あるいは心でぐっと悲しんでいるとか、悲しい思いってパッと見で分からないけど、笑いはすぐ分かる。声が出なくても笑顔にはなるし。

渡　辺　その頃、雅紀さんが影響を受けたのがフォークダンスＤＥ成子坂さんとか、海砂利水魚（現・くりぃむしちゅー）さんだよね。

長谷川　そう。特にクールな口調でボケを連発していく、海砂利の有田（哲平）さんのスタイルには影響受けたな。それで、高校の同級生だった久保田昌樹君が同じ劇団に入ってきて、二人でお笑いをやろうと話し合ったんだ。同じ頃に、吉本興業札幌事務所（現・札幌支社）ができて（1994年）、久保田君とオーディションを受けた。ボクは23歳にして、やっと自分のやりたいもの、なりたいものを見つけたんだよね。コンビ名は「まさまさきのり」で、同期はタカアンドトシだった。

渡辺　雅紀さんはタカトシさんには、今でもお世話になっているからね。

長谷川　二人が学生服を着てオーディションを受けにきたのをよく覚えているよ。ボクの方が5歳上だけど、オーディションに受かって先に入ったのはタカトシ。この世界は一日でも早く入った方が先輩じゃない。だからずっとタメ口だった。

渡辺　すげーおじさんがいる、と思われたんじゃない？

長谷川　今でもよく覚えているのは、初めてタカと会った時に、いきなり肩を組んできて、「ここはアメリカだーっ！」って叫ぶのよ。ここでは上下関係はないというか、ボクが年上でも普通に接していいんだ、みたいな意味だったと思うんだけど。

渡辺　北海道、いや、日本だけにとどまらないスケールの大きさだな。タカさんらしいというか。で、雅紀さんはなんて返したの？

長谷川　さすがに、「欧米かっ！」って、ツッコむことはなかったね。
渡　辺　当たり前だよ！　でも、その頃からすでにあのネタの基をやっていたんだから、やっぱりタカさんは凄いよね。

東京NSC

渡　辺　オレの同期は、平成ノブシコブシ（徳井健太、吉村崇）と、ピースの綾部（祐二）と、三瓶。同期で最初に売れたのが、三瓶だったな。ただ、彼らとは、そんなに親しくしていたわけではないんだけど。
長谷川　そうそうたる顔ぶれだ。三瓶クンって、プロ野球で満塁ホームランの日本記録を持っている人だよね？
渡　辺　それは埼玉西武ライオンズの中村剛也《たけや》選手だよ！　顔が似ているから、チームメイトから三瓶と言われているらしいけど、マニアックなボケをするなよ！
長谷川　東京NSCって、どんな雰囲気なの。

渡　辺　当時の雰囲気で言うと、オレもそうだけど、とにかく世代的にダウンタウンさんに影響を受けているから、みんな「オレはダウンタウンだ！」みたいな顔をしてるんだよ。スリッパに浴衣を着て、手ぬぐいを首にかけて「おう、兄ちゃん！」って歩いているんだよね。

長谷川　それは『夢で逢えたら』でお二人がやっていた、「浪花の浴衣兄弟」のコントでしょ！　しかし、みんなダウンタウンさんに憧れているわけだから、隆も周りに刺激を受けて、ヤル気で溢れていたんじゃないの。

渡　辺　それがね、NSCのチラシには「君もダウンタウンになれる！」って書いてあって、実際、それを目指して入ったんだけど、入って最初に言われた言葉が「皆さんは、ダウンタウンにはなれません」だよ。なんだよそれ、って思ったけど、要するに「ダウンタウンはいらない。なぜなら、もういるから」ということなんだ。それは当たり前だよね。事務所にしても、オレら芸人にしても、どんどん新しいものを生み出していかないといけないわけだから。でも、若かったオレはまだそこまで考えが及ばなくて。出鼻をくじかれたというか、がっかりしちゃってね。

雅紀、デビュー

長谷川　札幌の吉本は、学校ではなくて、オーディションを受けて合格すると、いきなりネタ見せをするんだ。それも客前で、審査員もいて。

渡　辺　いきなり客前で初舞台？

長谷川　そうなんだよ。そこで認めてもらうと、レギュラーで舞台に出られるようになる。ボクも久保田君も、芝居をやっていたこともあって、漫才ではなくてコントが主だったね。

渡　辺　ウケたの？

長谷川　それが、まったくのダダスベり……ではなくて、多少はウケたんだ。周りからも「面白いね」なんて言われて。ただ、これには理由があるんだけどね。

渡　辺　うまい具合に誰かのネタをパクっていたから、とか。

長谷川　やっぱりそう思う？

渡　辺　この世界に限らず、何をやるにしても、うまくなるための一番のコツは、モノマネをすることからだっていうからね。

長谷川　それもそうなんだけど、ボクの場合は逆なんだ。ずっと札幌にいたから、生の笑いの舞台とかライブを見たことがない。つまり、お笑いに関しては、テレビからの情報しかないんだよね。でも、北海道で見ることができるネタ番組は、東京ほど多くない。そうなると、みんな同じ番組を見て、それを真似たり、アレンジしたりしたネタをやることになるでしょ。すると、あれ、これどこかで見たな、というネタをやる人が多くなるんだよ。

渡　辺　雅紀さんはそうじゃなかったんだ。

長谷川　隆と一緒で、ボクも若かったんだね。誰かのネタをパクるのは嫌だったんだ。タカトシは基本に忠実な、分かりやすいネタをやっていたけど、ボクはオリジナルを追求して、ちょっと変わったネタをやっていた。

渡　辺　へぇー。どんなネタ？

長谷川　コントだけど、ボケとツッコミがなくて、久保田君と二人で、真剣な顔をして、ただバカなことを言っている。でもそれは会話にもなっていない、みたいな。意識したのは、有田さんのスタイルだけど、他の芸人と比べると色があるというか、タカトシとの違いは明白だったね。でも、これが最初のカン違い。シュールと言えば聞こえがいいけど、ただ訳の分からない会話をしているだけなんだね。

渡　辺　基本をやっていなかったんだ。

長谷川　フッて、ボケて、ツッコむ。これをちゃんとやってない。ネタの中できちんと伏線を張って、それを回収していく。そういうことが全く分かっていなかった。基本ができていないんだよね。言うならば、ラーメン屋に行って、チャーハンとライスを頼むのと変わらない。

渡　辺　それは、ただのバカじゃねーか。上手いこと言おうとして、たとえがメチャクチャだよ！

長谷川　そうか。じゃあ、牛丼屋に行って「牛丼、つゆだけ！」って頼むのと一緒か。

渡　辺　もっとバカになってるよ！　そろそろこの展開から離れたほうがいいぞ！

長谷川　思い出してみると、北海道時代にタカトシとよく遊びに行ったんだけど、ドライブする時でも、タカは録音したダウンタウンさんの漫才を、カーステレオでずっと聞いていた。擦り切れるまでテープを聞いて、お二人の会話のリズムやテンポだけでなく、フッて、ボケて、ツッコむ漫才の基本を、耳から体にしみ込ませたんだね。ボクはそうした地道な努力ではなく、有田さんのような話し方、つまり「形」だけを追っかけていたんだな。基本ができていないんだから、飽きられるのは早いよね。

渡　辺　最初は好きで憧れて、その次はその人になり切りたいと思うくらい、テープを聞いたり、映像を見たりする。誰かのモノマネから始まることは、決して悪いことではないんだよね。そして一番肝心なのは、モノマネから自分のスタイルを確立すること。これがなかなか難しいんだけど。

長谷川　そう。でも、それができたタカトシは、しっかりと漫才の基本を身につけて、東京へ行って大ブレイクした。当然だよね。しかも、売れて人気者になっても、同期とはいえ年上で、全く芽の出ないボクに、何度もお金を貸してくれたし、服をくれたり、ご馳走してくれたり……この後も、本当にお世話になるんだけど。

笑いは「気づき」と「築き」

長谷川　NSCでは、江波戸君と、コンビを組んだんでしょう。ガスタンクだっけ？

渡　辺　ガスマスクだよ！　コンビではコントもやったけど、基本は漫才だった。オレは今とちがって、ボケ担当で。

長谷川　NSCでの授業は、どういう科目があるの？

渡　辺　教科書はないけど、時間割があって。演劇とか発声、ダンス、あとネタ見せとか。週に4日くらい、授業が何コマかある。でも、オレはなんだか面倒くさくなっちゃって、途中からは江波戸とネタ見せだけに行っていたな。

長谷川　どうだった、ウケた？

渡　辺　いや、ウケなかった。というか、ネタを見せても基本的に褒めてはくれない。これも今になってみれば、当たり前だよね。でも、何も言ってもらえないから不貞腐れちゃったこともあった。ただ、審査する作家さんに気に入ってもらえたら、その作家さんが主催するライブに呼んでもらえることもあるけど、それが何かにつながるかというと、これがそうでもないんだよ。

長谷川　北海道と違って東京だと、ライブとか舞台に立てる機会も、芸人志望の人も多い。事務所もたくさんあるし。その中から抜け出すのは、本当に大変だろうからね。

渡　辺　NSCに入ってよかったと思うのは、同期の知り合いができたことだな。でも、吉本には4年くらいお世話になったけど、その頃によく飲みに行っていた仲間は全員、辞めたね。残っているのは、今、ウチの事務所にいるだーりんずの小田祐一郎、万福のトントン、あとねぎたたくやぐらいだからね。

長谷川　NSC時代、客前でやったことはなかったんでしょう。ライブとかも。

渡　辺　ない。ただ、客前でやるライブを重ねていけば「うまくなる」かもしれないけど「面白くなる」かどうかはまた別だよね。どんなにうまくても、つまらないものはつまらないで終わっちゃう。

長谷川　よく芸人さんが言うじゃない。「面白い人、と言われるより、つまらない人と言われたくない」。

渡　辺　そうそう。

長谷川　でも、やってみて実感するけど、「お笑い」って奥が深いよね。

渡　辺　うーん……お笑いとは、基本を押さえたら、あとは誰かに何かを学ぶより、自分で切り拓いていくものなのかな、と。「笑い」って、簡単に人に教えたり、教えられたりすることはできないと思うんだ。その人が持っているモノを笑いにどう生かすか。あるいはそのモノを、どこかで気づいて笑いにできるか、じゃないかと思うんだよね。

長谷川　そうすることでオリジナリティが出るというか、その人の個性とキャラクターと、固有の独自性が出てくるんだよね。

渡　辺　みんな同じ意味だよ！　とにかくその個性を生かすもとになるのは、発想。オレは発想一発勝負だと思っている。組み立てや構成は後からどうにでもなるから。

長谷川　隆が大好きなダウンタウンさんの発想力も、すごいものね。

渡　辺　参考にしたくても、あそこまでの発想はできないよ。「笑ってはいけない」シリーズとか、「板尾の嫁」とか、他にも『ごっつええ感じ』のコントとかね。よくああいう発想ができるなと思う。特に松本さんの着眼点、よい意味での「ずれ方」は独特だしれね。オレも芸人になったから、ダウンタウンさんの残してくれた発想の数々について、自分だったらどうするか考えるようにしているけど、でも、あの発想は凄い。

長谷川　最初の発想で勝負は決まっている、というわけだね。

渡　辺　うん。発想一発勝負で生まれたネタって普遍的で、いま見ても十分、面白いからね。大事なことはその発想にいつ、気づけるかなんだよね。

長谷川　たしかに、まず最初は「気づく」ことで、今度はそれを基に自分のスタイルを「築く」ことなんだろうね。ただ、今だからそう思えるけど、これがうまく理解できないのが若さなのかな。

渡　辺　「気づき」まで時間がかかっても、そのあとの「築き」が楽になるかもしれないし。最初から気づける人も、そりゃいるかもしれないけど、大部分の人、特に若い人には時間がかかるんじゃないのかな。

長谷川　でも、気づくまでの経験は決して無駄にならない。というより、無駄にしてはいけないよね。ボクら芸人でいうと、売れなかった頃の生活とか、そこで知り合った友だちのこととか、エピソードをネタに生かせばいい。

渡　辺　そうね。笑いに変えて行けばいいんだから。
長谷川　口から火を出す夢を見て目が覚めたら、寝ながらゲロを吐いていたとかね。
渡　辺　それはウチの事務所の先輩、コウメ太夫さんのネタだろ！
長谷川　チクショー！

「前に出ない」二人

渡　辺　ところで「まさまさきのり」はその後、どうなったの？
長谷川　結成から1年間は本当に楽しかったよ。札幌にいると、芸人の頭数も少ないこともあって、ラジオやテレビにもすぐに出演できて、ラジオではレギュラーも持つことができたんだ。
渡　辺　凄いじゃん！　スタートはバッチリじゃない。
長谷川　でも、お笑いの研究や努力はしていない。大喜利ネタを夜中まで考えたこともあったけど、そのうちやらなくなっちゃった。舞台でも大喜利でも、とことん考え込んだネタをやらなくても、そこそこウケちゃう。地元ということもあって、ボクのパーソナルな部分も知られていることもあったんだけど。

渡　辺　仕事が回り始めると、目の前の案件を片付けるだけで精一杯になるからな。こういう時に、第三者が適切なアドバイスをしてくれると助かるんだよね。

長谷川　それが相方だった。そうしたら久保田君が、「自分の笑いを追求したいから」と言って、コンビを解散したんだ。久保田君も「松本（人志）さんみたいな笑いをやりたい」と言ってね。

渡　辺　松本さんみたいな笑いというのは、つまり、ボケをやりたいってことなのかな。コンビでは、雅紀さんがボケだものね。

長谷川　それと、これはボクの性格もあるんだけど、あまり野心がないというか。積極的でないところもあって。

渡　辺　ん？　どういうこと。

長谷川　例えば、タカトシと、アップダウン（竹森巧・阿部浩貴）とボクら3組で、ユニットコントをやろうと。時期はちょうどクリスマス。そうするとタカや竹森、つまりボケをやっている人間は絶対にサンタクロースをやりたがる。一番目立つ役どころをやりたいと思うわけ。でも、ボクはそう思わない。もっと自分が目立ちたいとか笑いを取りたいという気持ちが薄い。年齢がいっていたこともあるし、性格的なものもあるんだろうけど、一歩引いて見ちゃう。

渡　辺　タカトシさんとアップダウンさんは年齢差、どれくらいなの？

長谷川　タカトシが1、2歳上。だからバキバキにぶつかり合うというか、お互い、自分が一番笑いを取ってやる、という気持ちが強い。いいことなんだけどね。

渡　辺　オレも似ているなあ。ガスマスク時代はボケだったんだけど、どっちがどうするると話し合ったわけでもなく、ネタを作ってみたら、オレがボケていたという感じだな。オレも雅紀さんと同じで、ガンガン出ていくタイプじゃない。「芸人になったら、とにかく前に出てやる」なんて、全然思っていなかった。というか、それがカッコ悪いと思っていたな。ガツガツするのはみっともないというか、今にして思えば、ひねくれていたんだけど。

長谷川　ただね、隆とボクの「前に出ない」という感覚は、それぞれ違うと思うんだ。

隆は引き芸というのかな。威勢よく「一発ギャグやりまーす！」とか「コントやりまーす！」ではなく、ボソッとひとこと言って笑いを取る。それがカッコいいんだ。それこそ松本さんや板尾（創路《いつじ》）さんみたいな感じだよね。

渡　辺　でも、NSCにいた頃はひねくれていたよ。講師の話もちゃんと聞かないし、ネタ見せの時に言われたアドバイスも一切、参考にしない。「オレが一番面白いんだ」と、とんでもないカン違いをしていたから。だから、「売れたい！」とか「絶対に売れてやる！」ではなくて、「売れるだろう」と勝手に思っていたくらい。今考えると、とんでもないことだけどね。しかし、何の兆しもなく、コンビは解散。吉本からも離れることになった。

雅紀、東京へ

長谷川　コンビを解散した後は、ピン芸人として相変わらずテレビには出ていたんだ。レギュラーもあって。ただ、ギャラはそんなに高くないから、バイトもしていたけど。

渡　辺　髪の毛も歯もあったしね。HTB（北海道テレビ）さんが、当時の雅紀さんの貴重映像を保管してくれていて、色々と見たけど、とにかく若いね。あと、まさのりダンスの原型をこの頃から始めているよね。

長谷川　そうなんだよ！　市営地下鉄のホームで、スタッフは反対側のホームから撮影しているんだけど、ひたすら踊ったこともあった。

渡　辺　今なら絶対に、鉄道警察案件だよ！

長谷川　そうしたら、かつての相方の久保田君が「東京へ行こう！」と。もう一度、コンビを組んで、東京へ出て勝負しようと誘われたんだ。

渡　辺　その時、雅紀さん30歳でしょ。

長谷川　そう、30歳だよ。

渡　辺　悩まなかったの？

長谷川　うーん、若気の至りだね。

渡　辺　30歳は、若くねーよ！

長谷川　マジメな話をすると、上京にあたって、ボクはお世話になった吉本を、いい形で辞めていないんだよね。上京したいのであれば、東京吉本もあるんだから、移籍するという手もあったんだ。でも久保田君は「とにかくゼロからスタートしたい」と。それと当時、ボクにも彼女がいたんだけど、「3か月で結果を出すから」って大見得を切っちゃった。すべては自分の決断なので、後悔はしないと思っていたんだけど。東京に行ってからの10年間、とにかくカネもないし、肝心の芸人としての芽も出ないし、ないないづくしの生活になっていくなかで、ああ、あのまま札幌にいれば、レギュラーもあるし、そこそこの生活ができたのに……と後悔してしまうんだよね。

渡　辺　コンビで話し合いはしなかった？

長谷川　不平や不満を久保田君にぶつけたこともある。でも、結局は自分で決断したことだからね。ただ、それが理解できるというか、納得できるまでは、やっぱり時間がかかるね。

渡　辺　「上京」と聞くと、希望に燃えた若い人が、一大決心をして東京を目指すという感じがするけど、雅紀さんの場合、30歳だから、「家出」というほどきれいじゃないし、どちらかというと「夜逃げ」に近いものを感じるな。

他人と比較しない

渡辺　雅紀さんが東京に出た少しあと、オレはコンビを解散して、気持ち的には何か終わっちゃったなという感じ。その当時のバイト先も潰れちゃって、とにかく何もやることがないんだよね。芸人を続けるかどうかを考えるより、まず、何もやることがなくて、どうしようかっていう日々。

長谷川　お手すきだったんだね。

渡辺　ヒマだったんだよ！

長谷川　その頃って25歳くらいだよね。何をして過ごしていたの？

渡辺　当時の彼女に、1日500円もらって、タバコとワンカップのお酒を買って。家の近所の河川敷で寝転がって、中学の野球部の練習をずーっと見ていた。

長谷川　隆は中学時代に野球をやっていたからな。

渡辺　練習を見ていると、勝手に親近感が湧いてくるんだよ。個々の選手の成長も手に取るように分かるし、あの子とこの子をコンバートすればもっと守備がよくなるのにな、なんて気分は指導者。勝手にスタメンを考えていた。

長谷川　よくいるよね、野球場とかでも、ビール飲みながら「そうじゃねえなあ！」とか「そこはこうだろ。ってやんでぇい！」って言いながら、気分はスコアラーな人。

渡　辺　スコアラーじゃないよ。監督だよ！　でも、勝つためにはスコアラーは大事だけどな。

長谷川　かなり本気で見ていたんだ。

渡　辺　ほぼ毎日ね。行ってはみたものの、練習が休みの日なんて、寂しくてね。そういう日は、ワンカップを飲みながら近所をウロウロして、酒がなくなったら家に帰る。その繰り返しだったね。

長谷川　焦りとか、悩みとかなかった？

渡　辺　ないんだよ、それが。焦りを感じることはなかったな。

長谷川　これも「芸人あるある」なんだけど。芸人って、なるだけで嬉しいというか、みんなと一緒にいるだけでも楽しいじゃない。後輩や同期がどんどん売れて先を行っても「いいなあ」とは思うけど、毎日仲間と一緒にいられたら、それでいいや、みたいな。

渡　辺　それが当たり前になってくると危機感を持たなくなる。つまり、鈍感になっていくんだよ。この鈍感力が増していくと、前に言った「気づき」にも遅れることになる。オレたち、鈍感力だけは物凄かったよね。

長谷川　だからボクたちも、世に出るまで20年以上かかってしまったわけでね。売れない頃って、仕事もお金もないけど、時間だけはタップリあるから。ヘンな話、青春がずっと続いている感じというのかな。バイトをやっていて、本当はこんなことをするために東京に来たんじゃないと思うんだけど、シフトが明けるとパチスロに行っちゃう。ダラダラ生活になっちゃう。

渡　辺　オレはこれからもお笑いをやるかな、どうするかなと考えはしたけど、結果、もう一度お笑いをやることに決めて。でも、それからまたダラダラ生活を続けるわけだから、少しは焦りを感じていればよかったのかもしれないけどね。

長谷川　隆は何か達観しているところがあるなと、昔から思っていたんだよ。

渡　辺　自分と誰かを比べないからかな。あいつはこうだとか、誰々がどうだとか、一切気にしない。決して自分をしっかり持っているタイプじゃないけど、昔からそうなんだよね。

長谷川　ボクが、他人の目を気にしないのと一緒だね。

渡　辺　アンタと一緒にされたくないよ。オレは人前で服を着るし、風呂も入るし、髪の毛も爪も切るよ……って、改めてツッコむと、雅紀さんは他人の目を気にするより、まずは人としてちゃんとしろよ。

長谷川　だけど今、若い人でも心の病気でダウンする人が多いじゃない。その根っこにあるのは、人と自分を比べてしまうことじゃないかなと思うんだ。

渡　辺　そうだね。SNSの普及も一因じゃないのかな。確かに便利ではあるけれど、自分と他人を比較する物差しになっている要素もあるよ。ただ、オレは一切、他人の評価を見ないけどね。他人からどう思われようと、気にしないから。

長谷川　親と他人と過去の自分、この三者と自分を比較しない「比較三原則」を意識していれば、ものすごく楽に生きられると思うんだ。

渡　辺　いいこと言うね。

長谷川　もちろん、受け売りだけどね。
渡　辺　だろうと思ったよ。で、どなたの言葉？
長谷川　ＭＪだよ。
渡　辺　ＭＪ？　マイケル・ジャクソン？　何で？
長谷川　みうらじゅんさんだよ！
渡　辺　分かりにくいよ！
長谷川　ボクも、歴史に名を残せるような、素晴らしい名言を残せるように、頑張らないといけないと考えているんだ。
渡　辺　へー、そんなこと考えているんだ。何か候補はあるの？
長谷川　「黄ばんだ黄ばんだ　屁こいたら　黄ばんだ」「毒抜かずにふぐ食べたら、死んだ」「変な顔ロケンロール！」「メシ食って、爪切って、ゲロ吐くを高速でやる」
渡　辺　どれもいつも言っているギャグじゃねーか！　どこが名言だよ！　ていうか、まず客前でウケろよ！
長谷川　「トム・クルーズは、お金持ち！」

渡辺　それは、オレらのラジオ番組（アプリ「GERA」で毎週月曜日配信中の『錦鯉の人生五十年』）のリスナーが送ってくれたネタだろ。これも名言じゃねーよ。いい加減にしろ！

どーも、ありがとうございました。

劇団時代の雅紀。人前で何かをやること、
モノづくりの面白さに目覚めた貴重な経験となった。
髪もあって、なかなかハンサム！

これがホスト時代……に着用していたスーツ。

まさまさきのりの頃の雅紀と久保田昌樹。

マッサジル時代の雅紀と久保田。作業着をコスチュームにしたのはハリウッドザコシショウのアイデア。

ピン芸人時代の隆。この頃からザコシショウ、
バイきんぐのライブに裏方として参加し、
隠れた才能を開花させつつあった。

第4章　売れない！

三人で始まった東京生活

長谷川　こ〜んに〜ちは〜!!

渡　辺　うるせぇよ！

長谷川　よく行く場所でも、迷子になるよ！

渡　辺　もう50だろ！

長谷川　東京に来てからというもの、道に迷うことがよくよくあるけど、人違いも多いんだよね。

渡　辺　雅紀さんは多いよねぇ。交差点でいきなり「おはようございます！」と声をかけるもんだから、今の人だれ？　って聞くと「この前のライブでお世話になった、スタッフさんだよ」って言うじゃない。それじゃオレも挨拶しないと、と思って追いかけたら、全然違う人だった。

長谷川　あの人は惜しかったなあ。

渡　辺　どこがだよ。まったく知らない顔だったよ！

長谷川　たしか渋谷の交差点だったよね。突然、むこうから自転車で現れたんだよ。ものすごい人込みの中だったけど、大きな声で挨拶したんだよね。でも無視されて行っちゃった。

渡　辺　普通に、街中にいるアブナイ人になってるよ。そもそも、雅紀さんは上京してすぐに立川に住んだけど、理由は何なの？

長谷川　これは、久保田君の発案。いきなり都心に住むのは無理でしょ。で、都心に出るのに便利で、都内でも栄えている場所はどこだろうと考えに考えてさ。

渡　辺　それで立川？

長谷川　そう。「立川だろ！」となったんだ。

渡　辺　東京出身のオレからすると、なんとも微妙だけどね。

長谷川　東京で勝負しようというのは、久保田君からの提案だったわけだけど、それもあって上京の費用は全部、彼が出してくれたんだ。

渡　辺　出してくれたんじゃなくて、出させたんじゃないの？

長谷川　いやいや、誘ったのは自分だからと、交通費から敷金から何から。とにかく東京での生活は、０円でスタートした。

渡　辺　無計画な生活がたたって貯金０円、じゃなくて、最初から０円というのがすごいね。

長谷川　部屋は二部屋あって、リビングと寝室。そこにボクと久保田君と彼の彼女と三人で生活することになったんだ。

渡　辺　彼女？

長谷川　うん。普通、部屋割りするとしたら彼らとボクで一部屋ずつでしょう。でも、寝室で川の字になって三人で寝てた。

渡　辺　イヤだな〜、それ。それも雅紀さんと生活するなんて、野生のチンパンジーと生活するよりも大変だろうに。

長谷川　失礼だな。ボクだってごく普通の一般人だよ。

渡　辺　チンパンジーって言ったんだよ！

お笑いに年齢制限⁉

長谷川　最初に約束したのは、①三人で住む　②ボクと久保田君がバイトで稼いだお金は一つの口座に貯金　③そのお金を生活費にあてて、彼女は家事に専念する――だったんだけど、実際に生活を始めてみると、すぐに問題が生じてね。

渡　辺　そうだろうな。相方と二人なら、大抵のことは我慢できるけど、彼女がいると色々とあるだろうからね。

長谷川　ボクは立川に住んでから、牛丼屋でアルバイトを始めたんだけど、深夜シフトなので、朝に家に帰る。すぐに寝ようと思って「ただいまー」と帰ると、二人が深刻な顔をしていて。「今、ケンカしているから、どこかで時間を潰してきて」って。それで眠くて仕方ないのに、近くのコンビニで立ち読みして時間を潰して。

渡　辺　だから、間に誰かが入る同居は難しいんだよ。

長谷川　仲良くしていたら、それはそれでムカつくし、ケンカしていても同じ。もうこれはダメだなと思ったね。ボクは北海道に当時の彼女を置いてきちゃったというのもあったし。

渡　辺　3か月で結果を出すといって、東京に出てきたんでしょう。

長谷川　そうだよ！　絶対に芸人になるんだ！　と毎日心の中で言いながら、のめり込んだよ。

渡　辺　何に？

長谷川　パチスロ！

渡　辺　なんだそれ！　ダメだろ。やっぱり「鈍感力」が突き抜けてるよ。

長谷川　あまりにもハマりすぎて、バイト以外の時間はほとんどパチスロをやっていた。久保田君が彼女と帰省中に二人の口座から、貯めていた40万円を勝手に引き出して、全部スッちゃったことがあってね。

渡　辺　最低だよ！　ていうか、貯金全額ってどういうことだよ。芸人としての活動はどうなっていたの？

長谷川　事務所探しから始めてね。『ぴあ』を買ってお笑いライブを調べたり、事務所の求人募集広告を見たりしていた。その時に驚いたのが、年齢制限があること。だいたい30歳までなんだよね。その時点で30歳だったから、上限に引っかかっているとダメかなと落ち込んで。でも、お笑いに年齢制限があるとは思わなかったな。

渡　辺　じゃあ、ライブ出るしかないでしょ。

長谷川　うん。浅草で、オーディションに合格して、1週間出してくれるんだけど、自分たちでチラシ配らないといけない。夜から早朝まで立川で働いて、そのまま浅草行って、チラシ配って、ライブやって、夜にバイトに行って……とにかく辛かったな。

渡　辺　コンビ名はマッサジルになったんだよね。

長谷川　二人とも、名前に「まさ」が入るから、まさのエキスが入った「まさ汁」からマッサジルになったんだ。

渡　辺　北海道の郷土料理じゃないんだ。

長谷川　ちがうよ！

渡　辺　まさのエキスで「まさ汁」って、気持ち悪ぃーよ。

長谷川　とにかくこの頃はコントをやっていたな。札幌時代の6年間があるから、一応、ネタはあったんだよね。

極貧の日々

渡　辺　三人暮らしは長くは続かなかったんでしょう。
長谷川　1年くらいかな。とにかくボクが出ていくしかないから、同じ立川市内で、敷金・礼金なし、家賃3万、風呂なし、六畳一間のアパートに引っ越した。築60年、木造2階の角部屋。
渡　辺　不動産屋のチラシみたいに全部、覚えているんだね。
長谷川　色々と不思議なことがあったんだけど、例えば、トイレにはいつも葉っぱが落ちていたな。
渡　辺　誰かが勝手に使って、エチケットで葉っぱを置いて行ったんじゃないの。
長谷川　そんなわけないでしょ！
渡　辺　タヌキが忍び込んで、変身していたんだよ。

長谷川　いやいやいや……そうだ、動物といえば、ほかにもあるよ。バイト代が出たから奮発してから揚げ弁当を買って食べたんだ。で、少し残したんだけど、あとで食べようと思って出かけたのね。家に帰るとから揚げとご飯が少し減っていたので、あれ、誰か来たのかなと思って。

渡　辺　なわけないだろ。来たとしても食べかけの弁当をさらに食べ残すって、どういうことだよ！

長谷川　ネズミなんですよ。天井を歩く音がよく聞こえていたからピンときてね。でも、実物を見たことがなくて、部屋の中まで入ってくるんだなと。それで寝ているときにボクの近くに来て、耳をかじられたりしたらイヤだなと思ってね。ネズミは、ばい菌を持っているっていうでしょ。

渡　辺　アンタも、ばい菌だよ！

長谷川　どうしよう、困ったなと思って、寝ている間にかまれるのはイヤだから、夜、電気を消して布団に入るときに「ニャー、ニャーッ！」って言って身を守っていた。

渡　辺　私はネコだよ。ネコがここにいるよ、って？

長谷川　当たり！

渡　辺　バカじゃねーの！　寝ちゃったら関係ないじゃん。

長谷川　いや、ボクが寝るまでひたすら「ニャーッ」と言っていたから、ネズミはあそこにネコがいると認識して、寄ってこないんだよ。おかげでかまれることはなかった。

渡　辺　そのネズミもバカだな！　で、バイトは相変わらず牛丼屋？

長谷川　うん。バイトは週に5日か6日は入って、月に20万から25万円稼いでいた。

渡　辺　そんだけカッチカチに働いていたら、正社員にならないかって誘われなかった？

長谷川　いや、ボクが芸人志望だということは知られていたので、それはなかったな。

渡　辺　それなりに稼いでいるのに、どうして貧乏だったのよ？

長谷川　ギャンブル。パチスロだよ。何も予定がない日は、夜の10時から朝の8時までバイトして、そのまま寝ないでパチンコ屋に行って閉店近くまでパチスロやって、またバイトに行く。その繰り返し。

渡　辺　それじゃ、いつ寝るの？

長谷川　パチスロしながら寝ることもあるし、バイト中に丼に肉盛る途中で寝たこともある。それで怒られるんだ。「おい、寝るな！」って。
渡　辺　ダメだよ、そりゃ。
長谷川　お客さんに言われたこともあるよ。
渡　辺　クビだろ、普通。
長谷川　その頃は芸人の仕事はほとんどないからね。月に10回、お笑いのライブがあるかないかだから。
渡　辺　だからバイトしても金がないんだな。オレはずっと実家生活だからよかったけど、食生活もかなり貧しかったんじゃないの。

雅紀の食生活

長谷川　基本的に1日1食。100均で買う8枚切りの食パン。もちろんトースターなんてないから、そのまま。

渡　辺　何もつけないの？

長谷川　いや、マヨネーズをつけるんだ。これも100均で買ってね。それをパンの表面に塗るんだけど、まんべんなく塗ると味がしつこくなるから、パンそのものの風味も味わいたいので、「く」の字に塗るんだ。

渡　辺　「く」の字？

長谷川　「区」だよ。足立区の「区」。これだと右の一辺が何も塗らないから、素材そのものを味わえるんだよ。

渡　辺　偉そうな講釈はいいけど、なんで足立区なんだよ！　たとえの意味が分かんないよ！

長谷川　それも、ボクは一筆書きで「区」を書けたからね。

渡　辺　まさにスプーンいらず。榊莫山先生なみの達筆だよ……って、今の若い人には莫山先生って言っても、誰も知らないぞ。

長谷川　莫山先生の「莫」って、ずっと大和田獏さんの「獏」だと思ってたからね。

渡　辺　どうでもいいよ、そんなこと！　ていうか、莫山先生で、ここまで引っ張るなよ！

長谷川　その「区」に塗ったパンを8枚、一気に食べるんだ。

渡　辺　食べすぎでしょ。4枚でも十分だぞ。

長谷川　そう言われるだろうと思って、最近は6枚切りを一気に食べているよ。マヨネーズの代わりにケチャップを塗ったり。

渡　辺　意味ねーよ！　ツナとかトマトとか、何か挟めばいいのに。

長谷川　ボクは究極の面倒くさがり屋なんだよね。何度かに分けるんじゃなくて、一回で済ませたいというか。お米も買うんだけど、もちろん無洗米。でも炊くのは面倒くさいし、炊きあがるまでの時間が待てないし。だからパンを食べるのが多くなるのかな。家についてすぐに食べられるからね。

渡　辺　炊飯器に、タイマーとかついているでしょ。

長谷川　あるけど、予約とか使ったことない。難しそうだし。だから1日1食、食パン一袋。パンでないときは、ご飯2合。

渡　辺　2合？　それも食いすぎだよ。

長谷川　ご飯のおかずは缶詰、カップラーメン、あとたまにスーパーのタイムセールで買ったお惣菜。包丁を使ったことはほとんどないし、とにかくボクはお湯を沸かすくらいしか、料理ができない。

渡　辺　お湯を沸かすのは、料理と言わないよ！

長谷川　だから外食が多くなるし、芸人として忙しくなってからはお弁当がいただけるので、どうしても自炊はできないな。

渡　辺　それはオレも同じだけど。

長谷川　隆は、酒だものね。

渡　辺　そうだね。ずーっと飲んでる。

長谷川　打ち上げで飲んで、家に帰ってもまだ飲むんでしょ。

渡　辺　そう。寝るまで飲んでいる。休みの日だと、近所の中華料理屋に行って、4、5時間くらいずっと一人で飲んでる。酔うのが気持ちいいというより、酒の味が好きというか、酒そのものが好きなんだよね。

長谷川　ボクは家で飲むことはなかったんだけど、忙しくなってから家でも飲むようになったな。缶ビールと缶チューハイを1本ずつ。
渡　辺　いいんだよそれくらいで。飲み過ぎるのはよくない。オレは25歳で痛風になったからね。でも、さすがに食パンにマヨネーズはないな。普通に焼くよ。食パンにも申し訳ないし。
長谷川　お金がないのと面倒くさいのが重なっちゃうと、こうなるんだよね。
渡　辺　雅紀さんに買われたパンが可哀そうだよ。歯も少ないから普通の人より咀嚼が多くてよく噛まれるし。パンからしたら、アンタの口は地獄の入り口だよ。

立川時代

長谷川　立川のアパート時代のエピソードとして、良く知られたものが信号機の話だね。もう落語だね。最後のオチまであるし。
渡　辺　最初に落語に謝っとけよ。
長谷川　テレビ、ラジオ、雑誌、あらゆる媒体で話しましたから。

渡　辺　雅紀さんの墓に彫ろうか、あの話。

長谷川　信号機の話というのは、ボクが夜に牛丼屋のバイトに行くんだけど、ヒゲを剃らないといけない。でも電気代が払えなくて電気が止まってて。で、ボクの部屋が2階の角部屋で、すぐ近くに信号機があった。その光を利用して鏡を見ながらヒゲを剃ったんだけど、赤信号の光って鏡に反射して何も映らなくなってしまうけど、青信号なら何とか映る。つまりボクはヒゲを剃りながら、部屋の中でも信号を守っていた、という話だね。

渡　辺　よく考えると、貧乏エピソードというより、ただのバカエピソードなんだけどな。雅紀さんのお母さんにも、このネタについて感想を聞いたら、「バカみたいねー」と言っていたしな。そういえば、テレビ番組のロケで、久しぶりにそのアパートに行ったんでしょ。

長谷川　もう取り壊されていたよ。でも、信号機はあった。

渡　辺　青はよく見えた？

長谷川　いや、昼間だったからね。でもボクにとって忘れることのできない、信号機だね。あの頃は、夏が特に辛くて。エアコンなんてないし、扇風機もただ生暖かい風が出てくるだけで。あと、トイレでウンコをしたら、水道も止められて、流せない。仕方なく1週間ほど、近くの公園のトイレを使っていた。

渡　辺　え！　そのウンコどうしたの？

長谷川　いや、そのまま。流れないよ。だって水がないんだから。辛かったよ。

渡　辺　……。

長谷川　あと、流しがステンレスじゃなくて石。しかも蛇口は動かない固定式。ある日、髪の毛を洗おうと思って、頭を突っ込んだら、蛇口の曲がったところに挟まって抜けなくなったことがあったよ。

渡　辺　なんでムリヤリ入れるんだよ！

長谷川　水は出っ放しで四方に散るし、やっとのことで抜けたんだけど、ここに頭を入れると抜けなくなると学習してからは、カップ焼きそばの容器を取っておいてね。あれ、隅に湯きり口があるじゃない。あそこに水を入れてシャワー気分を味わっていたな。

渡　辺　シャワーって、穴は少しだけだろうに。

長谷川　気分だよ、気分。
渡　辺　よく生きていたな。

笑いは「伝わる」こと

長谷川　ボクが上京した1年後、タカトシが東京に進出して大ブレイクしていた。テレビで見ない日はないくらい。一方のボクは、バイトしてパチスロやっての繰り返し。
渡　辺　ダラダラ生活だよね。基本的にオレも変わらないけど。
長谷川　そんなボクらの転機になったのが今の事務所、SMAに入ったことだね。
渡　辺　ガスマスクを解散したあと、ダラダラしていたら、小田（現・だーりんず）がヒマしている、という話を聞いて連絡した。「ちょっと何かやらない？」って。それで桜前線っていうコンビを組んで、フリーでやっていたんだ。そうしたら、ソニーにお笑い部門が立ち上がるって噂を聞いて、それで入ろうかとなった。
長谷川　SMAのお笑い部門の立ち上げが2004年12月。その翌年に入ったんだけど、まず驚いたのが、年齢制限がないこと。オーディションもない。面接に行ったら「じゃ、来月のライブから出てね」。こっちのネタも見なかった。こんなシステムはないじゃない。しかも、大体、面接に来るのは18、19歳から20代。その時のボクは34歳。得体のしれない存在なのに、まさか入れるとは思わなかった。

渡　辺　来る者は拒まずなんだよね。

長谷川　05年の4月から始まったランキング制のライブ、これで鍛えられたね。ライブをやって月に一度、お客さんに投票をしてもらう。その結果に応じて、芸人を4段階にランク分けしていくんだよね。

渡　辺　最初はどうだった?

長谷川　それが全然ダメ。毎月、一つずつランキングが落ちて行って、すぐに一番下にいっちゃった。もう10年以上もやっているのに、こんなに笑いが取れないなんて。この時、初めて芸人を辞めようかと思った。でも、隆の桜前線は、お客さんの投票で1位を取っていたよね。上位者だけが出られるライブにも出ていたし。凄いなあと思って見ていたよ。

渡　辺　いやいや、そうでもなかったんだよ。事務所のライブではウケるんだけど、当時の若手の登竜門だったＮＨＫの『爆笑オンエアバトル』に出ると、まったくダメなんだ。一度、Ｕ字工事（福田薫・益子卓郎）と一緒だったことがあるんだけど、お客さんからの投票で獲得するボールの数が余りにも違い過ぎてね。スタッフさんが両手で重そうにしながら「はいこれ、Ｕ字工事さん」と、ボールの詰まったバケツを運ぶんだけど、「はい、桜前線さん」って片手で、しかも中でボールが転がる音がこっちまで聞こえてきて……。でも、オレも雅紀さんと同じで、この頃に気づいたことがあった。要するに、オレが思っていること＝面白いこと、がうまくお客さんに伝わってない。もっと分かりやすくしないとダメだな、ということ。

長谷川　ボケやツッコミのワードとか、間も大事なんだけど、まずウケない人に共通しているのは「伝わっていない」ということなんだよね。後輩のネタを見ていても、面白いことやっているんだけど、お客さんはまったく笑わない。つまり、伝わっていない。ボケやツッコミにほんの一言そえるだけだったり、言う順番だったり。あるいは主語が抜けているとか、そうしたところを見直せば、お客さんには伝わるよね。

渡　辺　あと、「ウケてない」と「スベってる」の違いも学んだな。ウケていない、というのは伝わっていないだけで、面白いことをやってはいるんだよね。でも、スベっているヤツは本当につまらない。ここをはき違えないようにしようと思ったな。「ウケてない」と「スベってる」は違う。

長谷川　事務所のライブで一番下に落ちた時、自分は才能ないんだなと物凄く落ち込んだんだけど、ここで基本の大切さに気づいたんだ。当時はコントをやっていたんだけど、お客さんに伝わらない、分かりにくいネタをずっとやっていたんだ。それで、漫才をやろうと。基本に忠実に、フッて、ボケて、ツッコむようにして。

渡　辺　それで『オンバト』にも出演するようになったんだね。

長谷川　そうなんだよ。事務所の先輩でもあった、ザコシショウから、「作業着を衣装にしたらいいんじゃない」というアドバイスをもらって、お互いのコスチュームも決めてね（107ページの写真）。「どーも！　エアコンのメンテナンスに来ました！」なんてツカミから入って。その頃、人気に火が付き始めたオードリーさんと一緒にオンエアされたこともあったなあ。

二度目の解散

渡　辺　桜前線は、30歳目前で解散したんだ。これでオレは二度目の解散となって、30歳も目の前だし、もうお笑いの道は諦めようかな……とは思わずにそのままダラダラと。1年間は何もしなかったかな。

長谷川　ボクは40歳の夏、2011年に、二度目の解散となった。久保田君が体調を壊してね、札幌に帰らないといけなくなっちゃった。3か月で結果を出すと言って30歳で上京して、10年。もう40歳だし、ここらが辞め時かなという思いもあったな。

渡　辺　その後はピンでやっていたんだよね。

長谷川　うん。まさのりダンスを踊りながら登場して「ミッフィーはアルフィーの仲間ではない」とか「赤井英和は赤くない」とか、そういうネタをやっていた。

渡　辺　雅紀さんがその時に芸人を辞めなかった理由は何なの？

長谷川　「やっぱりお笑いが好きなんで」……と言えばカッコいいけどね。でも、ボクの場合は、辞めるきっかけを逃しているというのかな。結婚するとか、親の仕事を継ぐとか、そういうのはないし。あと、上京した時にはそれなりの決意があったんだけど、気がついたら10年経っていて。でも、生活はダラダラしたまま。かといって、芸人をあきらめて北海道へ帰ろう、という決意にまでいかなかったな。

渡　辺　でも、40歳の時は、結構、真剣に考えたんでしょ。

長谷川　ただね、これも不思議なんだけど、ボクが辞めようと考える時って、必ず変化があるんだよ。SMAに入ってウケなかった時は、基本に忠実になることで立ち直ったし、この40歳の時には、地元北海道のテレビ局から密着取材を受けたんだ。

渡　辺　ああ、あの番組か。雅紀さんが、初めて帰省するっていう内容だったよね。

長谷川　立川のアパートから始まって、牛丼屋でのアルバイトの様子、ライブに出ているところ。生活のすべてにカメラがついてきた。それで、ハイライトは実家に帰って、母親と対面するところ。

渡　辺　上京してから10年間、まったく会っていなかったんでしょ。

長谷川　そう。お金を送ってもらう時だけは電話して、少しだけ会話するけど。

渡　辺　ひでぇ息子だよ。

長谷川　そこで、母親の前でふだんやっているネタをやることになって。まさのりダンスから入って「カップ焼きそばは、本当はカップゆでそばだ」とか「キャラメルは、銀歯どろぼう！」とか。

渡　辺　ツラいだろ、親の前でやるのって。

長谷川　まったく笑わないからね。というか、笑えないだろうな。ネタを見せ終わったあとで、「私が死ぬまでに何とかなればいいか。夢も希望もない人が多い中で、自分で夢と希望があって頑張っているのはいいじゃないの」と母親が言ってくれて救われたというか。

渡　辺　それで番組の最後は、お母さんが作ってくれたおにぎりを帰りの電車の中で食べながら号泣する雅紀さんだったね。

長谷川　そう。すごくいい番組にしてくれたんだ。ＨＴＢ（北海道テレビ）さんは、ボクが札幌時代に、レギュラー番組を持たせてくれていたから、番組が成立したんだろうと思うけど。

渡　辺　この番組が放送されたのは、錦鯉を結成する前なんだよね。オレはこの番組を、コンビ結成した後、ＶＴＲで見させてもらった。雅紀さんに注目してくれて、丁寧なドキュメンタリーにしてくれたＨＴＢさんには本当に感謝しかないけど、オレはこの番組を見た時、正直に言うと、本当に悔しかったんだ。

長谷川　ボクが主演でずっと映っているから？

渡　辺　違うよ！　番組の構成上、仕方のないことなんだろうけど、何も知らない人がこの番組を見たら、雅紀さんがすごいダメな、ただの可哀そうな人にしか映っていないんだよ。雅紀さんの本当の魅力、面白さが出ていなくて、ただの売れないオッサン芸人でしかない。だから、絶対にこの人を売れる芸人にしてやるとオレは思ったよ。コンビを組んだ錦鯉でね。

長谷川　いよいよ、錦鯉誕生だね……って、漢字四文字が続くと、暴走族の特攻服みたいだね。

渡　辺　たとえがよく分かんねーよ！

長谷川　とにかく、それまであちらこちらと道を迷い続けてきたけど、信じた道をまっすぐ突き進むところまで来たよね。それは今も変わらないし。

渡　辺　ただ、人違いは相変わらずだよ。この前も「高田純次さんだ！」って言って、どこの誰だか知らない、オールバックのオジさんに挨拶してたじゃない。

長谷川　いや、今はマスクしているから、なかなか分かり難いんだよ。

渡　辺　そもそも、オレら高田純次さんに会ったことねーよ！

どーも、ありがとうございました。

錦鯉結成直後の頃。

ＳＭＡ主催のライブにて。錚々たるメンバーに囲まれて。

2016年頃の二人。ブレイクまであと少し。

第5章　くすぶり中年の逆襲

二人の出会い

長谷川　こ〜んに〜ちは〜!!

渡　辺　うるせえよ！

長谷川　キャベツとレタスの区別がつかないよ！

渡　辺　バカ丸出しだよ！

長谷川　週に一度は、体のどこかがしびれるね。

渡　辺　病院、行けよ！　どっか悪いんだよ。

長谷川　「かきくけこ」が、何度やっても「かけくけこ」になっちゃう。口の筋肉が弱っているのかな。

渡　辺　滑舌が悪いのは、歯がないからだよ！

長谷川　ところで、隆と初めて会ったのは、ザコシショウとの飲み会だったっけ？

渡　辺　その前に、お互い、前のコンビで、ＳＭＡでネタ見せの時に会っているよ。マ

ッサジルの二人を見て、つなぎの服着てるから、最初は業者のオッサンだと思っていたもの。

長谷川　ＳＭＡは、芽が出なかったり、コンビが合わなかったりで、他の事務所を辞めた人が集まってきていたからね。でも、芸人同士、ライブとかを通じて顔なじみだったりするじゃない。ところが、ボクと久保田君は札幌から来たから顔見知りもいない。完全に転校生気分だったね。

渡　辺　それにしても年齢がイキすぎているからさ。二回りくらい年上のオッサンがいるから、オフィスに何か運びに来たんだろうと思ったら、ネタをやるからびっくりしたんだ。「え、この年でも入れるんだ」って。

長谷川　初めて声をかけてくれたのがザコシショウ。それですぐに一緒に飲みに行った。その席に、隆がいたのは覚えているよ。

渡　辺　ザコシショウや雅紀さんとは何十回、何百回と飲みに行っているから、もう忘れちゃったな。

長谷川　そうだ、隆に初めて話しかけた記憶だけど、ＳＭＡに入って、宣材写真（宣伝材料になる写真）を撮影することになって、みんな集められたんだ。その頃、モデルをやっている友だちがいて、その彼からいい写真の撮られ方を教えてもらっていて、それを隆に教えたんだよ。

渡　辺　思い出した。写真を撮る時は、奥歯をぐっと噛んで顔を引き締めると顔のラインがシャープになるっていうアレだね。

長谷川　そう！

渡　辺　今考えたら、雅紀さん、その時すでに4本、歯がないじゃない！　それで奥歯をしっかり噛んでって、いい加減だよな。自分はどうやっていい顔を作ったの？

長谷川　歯があると思って、顔を引き締めたんだよ。

渡　辺　よけいバカな顔になったんじゃねーの。

長谷川　隆のことを凄いな、と思ったのは、前にも触れたけど、ザコシショウとバイきんぐのユニットライブに出るだけでなく、作家として裏方の仕事をしていたよね。ボクも一回、ライブを観に行ったことがあるんだけど、そこで隆が舞台で文庫本を読むというボケをしていた。その姿を見て、何なんだこの人は!?　と思った記憶がある。

渡　辺　何で？　文庫本を読んでいただけでしょ。

長谷川　直感でそう思ったんだよ。よく受験の会場でいるでしょ。もう試験が始まるというのに、全く動じずに目をつむって腕を組んでいたり、堂々と漫画を読んでいたりするヤツ。あんな感じ。

渡　辺　まったく分からないよ！　雅紀さんへの第一印象は、「何だこのバカな人は」だな。明るいし、雅紀さんがいるだけで、どのライブ会場も明るくなっているなと感じていた。意識しているのではなく、にじみ出るバカさ加減が、天性のものだなあと思ったね。

錦鯉、誕生

長谷川　隆からコンビを組まないかと誘われたのが、2012年。コンビ結成が4月だった。

渡　辺　その頃のオレはピン芸人だったけど、雅紀さんとは気心も知れていたし、何よりオレが本当にこの人面白いなと思っていたので、コンビでやってみない？　と誘ったんだよね。

長谷川　二度目の解散があって、もう40歳だし、芸人を諦めて札幌へ帰ろうかなんて考えがないわけではなかった。そんな時、隆から二人きりで飲まないって誘われて。大人数では何回も飲んでいたけど、サシで飲んだのは、あの時が初めて。そこで、コンビの話をされて、ボクは直感で「面白そうだな」と思った。

渡　辺　普通、コンビを組む相手とは、どういう方向性で行こうかとか、キャラクターをどうするかとか、最初にしっかり話し合うんだけど、オレらは一切なし。

長谷川「面白そうだな」と思ったのは、隆はボクと真逆だったからね。ボクはうるさいけど、隆はどっしりと構えていて対照的でしょ。おぎやはぎ（小木博明・矢作兼）さんみたいに、コンビが互いに同じタイプというのもありだけど、対照的になるのはいいのかな、と思ったんだ。だから二つ返事でＯＫ。その後はずっとドラマ『北の国から』の話で盛り上がったもんね。

渡　辺　二人で天下を獲ろうとか、肩ひじ張った話もなし。オレもいい年だったし、年齢のことも気にならない。なんなら雅紀さんがどんどんオッサンになっていった方が、面白くなってよりウケるかなと思ったくらいで。

長谷川　結成してすぐ、ライブに出ることになって、ネタを作ったね。

渡　辺　それでライブの主催者から電話がかかってきて。「チラシを作らないといけないので、コンビ名を至急、教えてください」って。どうしようかなーってテレビを見ていたら、錦鯉が外国人に爆買いされているというニュースをやっていて、「じゃ、錦鯉でお願いします」って返事した。あと、ちょうどこの頃、雅紀さんの胸毛と乳首の色のコントラストが錦鯉みたいだなあ、とも思っていたからね。胸毛が白いんだもん。

長谷川　なんだよ、それ！　で、その時、「錦鯉でいこう」と言われたんだっけ？

渡　辺　「いこう」なんて言ってない。錦鯉に「しといたから」ぐらい。

長谷川　コンビ名はいわば看板みたいなものだから、とても大切だと思うんだけど、でも、だからって真剣に話したこともない。フワーッと決まった感じ。

渡　辺　（仮）くらいに考えて、いつかはちゃんと話して決めないと、と思っていたんだけど、ズルズルここまで来ちゃった。

長谷川　めでたくていい名前だね、と言われたことがあるけどね。ただ、エゴサーチするときに、本物（魚）の錦鯉に関するツイートばかり出てしまうのが難点だけどね。なかなか大きくならないとか、エサを食べなくなったとか。

渡　辺　たしかに鯉は出世や開運など、日本では縁起がいいとされているからね。もっとも、当時はそんなことまったく考えていなかったけど。

バカになれ！

渡　辺　まず、組んだ年の大きなコンテストだった『THE MANZAI』にエントリーして、1回戦敗退だった。

長谷川　最初からうまくはいかないよ。

渡　辺　よく落語家さんが「師匠選びも芸のうち」というけど、漫才でも、相方選びは大事なことであるね。でも、組んでやってみないと分からないことが多すぎるな。ただ、雅紀さんはオレのイメージ通りの人で、組んで正解だったね。

長谷川　当時は今とはちがって、「はい、どーも錦鯉です！」って入って、普通に漫才をしていたんだよね。漫才の内容とかスタイルは、今とそう変わってはいないけど。

渡　辺　雅紀さんと組んで発見だったのは、漫才の途中でネタを飛ばしたとき、お互いが忘れてそのまま行っちゃうんだけど、それはそれで面白くなるんだな、ってこと。あと、雅紀さんが気持ちいいのは、ネタが飛んだら、すぐ次に行くことだね。思い出そうとしてヘンな間ができたりしない。反射神経で生きているんだな。そのあたりは相方として気持ちがいいよ。

長谷川　組んだ翌年の２０１３年と14年も『ＴＨＥ　ＭＡＮＺＡＩ』に出たけど、それぞれ２回戦、１回戦で敗退だった。

渡　辺　まだこの頃は、私生活もそのままだものね。

長谷川　そうだな。パチスロはまだやっていたし、バイト生活から抜け出せないし、隆とのコンビで手応えのようなものは感じてたんだけど、その先が見えないんだよね。

渡　辺　その14年の頃だよ。ザコシショウから決定的なアドバイスをもらったのは。

長谷川　「長谷川。お前はバカなんだから、もっとバカを前に出していけ」ってね。

渡　辺　特に当時の雅紀さん、今ほど元気じゃなかったんだよね。

長谷川　普通に喋っていたな。「オレね、弁当屋になりたいんだ」と言って、そのままネタに入って。今みたいに声は張ってない。落ち着いているけど、バカなことを言っている、みたいな。

渡　辺　弾けている感じではない。ただ、ザコシショウから「バカになれ」と言われたけど、たしかに雅紀さんは取り繕っているところがあったよね。基本、あんまりバカだと思われたくないのか、バカを前面に出してはいなかった印象があるな。

長谷川　そうかな？

渡　辺　とにかく、雅紀さんは私生活はメチャクチャだけど、根が真面目なんだよ。例えば、テレビ番組のロケでも、雅紀さんの部屋にわざわざ来るのは、汚い部屋をそのまま撮りたいと思っているからなのに、「人が来るから」って片付けちゃう。相手に嫌な思いをさせたくないという、雅紀さんの思いからなんだけど、無垢というのかな。ザコシショウの言う「長谷川のバカを出せ」というのは、その部分を出せ、という意味だと思うんだよね。

長谷川　フッて、ボケて、ツッコむという漫才のスタイルは？
渡　辺　基本は大事だよ。ただ、基本に忠実なことをやっているだけではダメなんだと。頭一個分でも抜け出すためには、基本をしっかり踏まえたうえで、長谷川のバカでいきなりいけ！　その全部のバカを渡辺が処理しろ！　そういうことだよ。
長谷川　ただ、ボクは人から「バカ」と言われたり思われたりすることにストレスはない。自分で言うのもおかしいけれど、ボクのことを知ると、「50年生きてきて、それ？」みたいなことが沢山あるから。
渡　辺　バカだな、というより「え？　大丈夫？」みたいなね。
長谷川　例えば、ボクが牛丼屋の次に始めた、水道料金徴収のアルバイトでね、料金が2か月分で3066円だった。そうしたら、3071円を渡してきた人がいて、意味が分からなかった。3070円じゃないの？　なんで1円払うの？　頭の中は混乱していたけど、計算機に入れたら、お釣りが「5円」と表示が出て、それでやっと意味が分かったんだ。
渡　辺　さっそく、そのいきさつをライブで話したんだよね。

長谷川　そうしたら、そういう支払い方法があることを知らないボクに問題がある、という展開になってね。でも、そんな払い方があるなんて、ホントに知らなかったんだよ。

渡　辺　そうしたことが全てネタになるんだから、おいしいと思わなきゃ。

長谷川　ボクは勉強も嫌いだったし、授業もちゃんと聞いていない。高校の時、倫理で4点だったからね。数学の12点より低かった。

渡　辺　マジで「倫理がない」ってことじゃねーの。

長谷川　友だちからも、いくら勉強が嫌いだとしても、4点はないだろうと言われたよ。日本史でも、豊臣秀吉とか徳川家康とか、名前は知っているけど、何をやった人か分からない。干支を覚えたのもつい最近だし、47都道府県も全部言えないし、場所も分からない。どうしよう、『東大王』から出演依頼がきたら。

渡　辺　大丈夫だよ、来ねーから。しかし雅紀さんは本当に、見た目は大人、知能は子供なんだよな。『名探偵コナン』の逆なんだよ。表情は天才だけどコメントはバカすぎる。その部分だったんだね。ザコシショウはちゃんと見抜いていたんだ。

長谷川　でも、本当にザコシショウのアドバイスは貴重だった。これでボクらも変わっていったからね。

確立した錦鯉スタイル

渡　辺　それで、バカっぽいことって何だろうって。最初に考えたのが、「元気にあいさつ」だったんだね。オッサンが大きい声で元気にあいさつしながら出てきたら、バカっぽいんじゃねーかなって。

長谷川　「こ〜んに〜ちは〜!!」は、そこから生まれたんだよね。

渡　辺　続けてオレが「うるせえよ！」と言って雅紀さんの頭をひっぱたくのも、最初にやった時に自然に出たんだよ。思ったよりもうるさい声だったので、感じたままに「うるせえよ！」って。

長谷川　そのあとに、つかみで一言いうのも、同じ時期に考えたんだよね。あの流れで、何か一言付け足そうって。最初にやった、つかみネタって覚えてる？

渡　辺　「弟は42歳だよ！」「じゃあ、てめえいくつだよ！」だった。

長谷川　そうだそうだ。確か、芸人仲間で雑談をしていて、兄弟の話になって「ボクの弟は42歳なんだけどさ」と言ったら、みんなびっくりしちゃったんだよ。

渡　辺　いや、確かにいくつになっても弟は弟だから、40歳でも50歳でもいいんだけど、「オレの弟がさ」っていう会話をする場合、小中学生くらいで「2コ下でさ」とか「中1なんだけど」という場面が多いじゃない。でも、44歳のオッサンに、さも小中学生が会話をしているようにサラリと「弟は42歳」って言われたから、ビックリしちゃったんだよ。

長谷川　そんなに面白がってくれるならと、記念すべき最初のつかみネタになったんだよ。

渡　辺　やっぱり雅紀さんの弟さんは、錦鯉の歴史に欠かせないね。パソコン質入れ事件といい、服をなくした件といい、迷惑ばっかりかけておいて、漫才では大事なつかみで使わせてもらっているんだから。

長谷川　このつかみネタで、「バイトを始めて、30年だよ！」というのがあるんだけど、曇天三男坊（現・TCクラクションの古家祥吾）が、このネタを聞いて泣いちゃってね。

「ボクが生まれる前からバイトをしているんですか」って。本気で同情されちゃった。

渡　辺　芸人を泣かせるのは、一番ダメだからなあ。ただ、このスタイルになってからの気づきで大きいのは、オレの立ち位置。雅紀さんの真横に立つと、雅紀さんの動きが激しすぎて手が当たっちゃうんだよね。それを気にして雅紀さんの動きも小さくなっちゃう。それじゃあもったいないから、雅紀さんより少し下がった位置に立つようになった。

長谷川　最後にやる「どーも、ありがとうございました」。あれは、うるさかったことへのお詫び？

渡　辺　大騒ぎしたんだから、ちゃんと挨拶して帰ろうという気持ちだね。錦鯉の漫才はつかみが大事だから。ネタ的に逃げ切るタイプで、旗が上がる前から、アクセルをふかして、あとはベタ踏みで行く、みたいな。でも、雅紀さん、最初の頃は、このスタイルで入るのに、照れてなかった？

長谷川　照れというか……例えば、1＋1＝3って、ちょっと行き過ぎというか、そんな訳ないだろうみたいな感じまで行くと、大丈夫かなという不安はあったな。

渡　辺　どういうこと?

長谷川　たとえば隆から「こうやってみて」と言われても、どうしてもそこではピンとこなくて、実際にやってみてウケたら「あー、これはウケるんだ」と安心するんだ。

渡　辺　なるほど、雅紀さんは反射神経の人だから、頭の中でシミュレーションするんじゃなくて、実際にお客さんの前でやってみて、その反応を見てからでないと分かりづらいってことでしょ。

長谷川　例えばボクが今、つかみでやっている、頭を指さして「空っぽだよ!」っていうのがあるでしょ。

渡　辺　で、オレが「入れて来いよ!」ってツッコむやつね。

長谷川　これも、誰かに「お前、頭、空っぽだな。まるでピーマンだな」と言われて「そんなことないよ!」と返すのなら分かるけど、いきなり自分で「空っぽだよ!」と言うのって、大丈夫なのかなと思っちゃう。オレ、足速いんだぜ、みたいな感じで「空っぽだよ!」って自慢されてもお客さんは意味が分からないんじゃないか、という不安があった。で、実際にやってみたら、ウケるので、これで通用するんだと思ったんだよ。

渡　辺　お客さんは空っぽだと思っている、つまり伝わっているんだよ。このくだりをやることで、あとのネタもテンション高いままでいけるんだよね。アクセルをふかしているから、いい感じでいける。

長谷川　次に意識したのが衣装だね。最初は二人とも衣装なんか持っていないから、普段着でやっていたものね。ボクがアロハシャツで、隆がTシャツ。お互いジーンズで。

渡　辺　それで衣装を決めようとなって。雅紀さんの白スーツはオレの発案なんだけど、何色にしようかと何枚か着てもらって決めたのが、あの白の上下だったんだよね。試着室を開けた時に、一番笑ったのが、あの衣装なんだよ。原色でも隠し切れない雅紀さん独特の臭みみたいなのを、白は包み込んでくれたよね。それで、対照的にオレが黒のスーツを選んで。いまは紺だけど。

長谷川　やっぱりスーツはいいね。ネタの中身は変わっていないのに、スーツで出て行っただけで「よくなった」と言われたこともあるし。見る人の気持ちも変わるのかな。芸人をやり始めた頃は、とにかく笑わせりゃいいんだろとしか思っていなかったけど、衣装も大事なんだって。

渡　辺　そう、見た目は大事だね。

長谷川　それまで20年間、服なんか買ったことがない。テレビ、冷蔵庫、洗濯機、みんなもらいものので。服もそう。人生で初めて買ったスーツだった。あのスーツは4万円くらいしたのかな。その時、一番、お金をかけたんだけど、それと比例して人気が出てきた。ここぞってときはお金をかけないとダメなんだと学んだね。

ダメだから分かること

渡　辺　それで2015年、復活した『M－1』にエントリーしたら、準々決勝まで行けた。

長谷川　ライブでのお客さんのウケもよくなった。手ごたえがあったよね。このままもっと上までいけるんじゃないか、っていう。

渡　辺　はっきりと口に出したり、態度で示したりしたわけではないけど、お互い、それまでのコンビで得た教訓とか反省を、錦鯉ではうまく取り入れたんだよ。

長谷川　それまで売れなかったたし、パッとしなかった。でも、一応、芸歴だけはそれなりにあったからね。ボクの大好きな萩本欽一さんの名言にこういうのがあるんだ。「できる人の気持ちはわからないけど、ヘタなやつの気持ちはわかるんです」（『誰も知らない、萩本欽一。』ぴあ）。だから、何かを教えたり伝えたりするときは、その場をうまくやり過ごすことではなくて、次からずっとうまくやれるための言葉がいい、というんだけど、ダメダメな人生が長かったのは伊達じゃないね。

渡　辺　初めて『M－1』に参戦した15年、準々決勝は浅草公会堂でやったんだよね。お客さんが1000人くらい入っていて。あんなに大勢のお客さんの前でやるのは初めてだったし。

長谷川　ものすごくウケているのに、落選するコンビもいたし。ボクらのことをよく知っているライブのお客さんじゃない大勢の人たちの前で漫才をやることも、いい経験になった。

渡　辺　大きな自信になったことは間違いないね。このあとの4年間、『M－1』は、準決勝か準々決勝まで進めた。でも抜け出せないというか、突き抜けることができないというのか。

長谷川　その時だよね。「困ったら基本に返れ」。

渡　辺　そう。漫才師の基本とは、ネタを作ること。

長谷川　2か月に1回、ネタを10本やるライブを、自分たちに課したね。ありネタ5本と新ネタ5本。ありネタ6本、新ネタ4本の時もあったけど、とにかく10本、ネタをやる。

渡　辺　2か月に5本は、正直、しんどかった。でも、バイきんぐは2か月に1回、新ネタを6本かけていた。やる人はやるんだよね。ネタを量産しようとしたら、台本を書いている時間もなくなって、この頃から台本は書かなくなったな。

長谷川　やり始めの頃は、台本を作って一字一句間違えないように、それが面白いと伝わるようにしていたけど。「漫才は台本ではなく会話」と言った方がいるそうだけど、自然な会話を重視するなら台本はなくてもいいのかなと思うようになったな。

渡　辺　雅紀さんは三手先が読めないんだよ。①こうなって　②こうなったら　③こういく、が分からない。「こうなる」じゃないとダメなんだね。だから台本で書くと分かり難いんだと思う。でも実際にやってみると理解してくれるし、台本以上のことをやってくれるから助かったけど。

長谷川　この頃は、事務所のライブや他のライブにも積極的に出て、月に30本近く出ていたね。お客さんによる投票で優勝したこともあったし、目に見えて効果が出ていた。相変わらずバイト生活でお金はなかったけど、充実していたな。

突然の悲報

渡　辺　雅紀さんは、立川から練馬区に引っ越したね。

長谷川　そう。立川時代は家賃の滞納を繰り返して、芸人仲間にお金を借りて、なんとか払って。それで引っ越したのが後輩三人と同じ今のアパート。ジャック豆山、たこやきくん、元お団子まんじゅうの古澤。みんな坊主頭だから、ボクも入れて「たまご会」を結成してね。

渡　辺　前にも言ったけど、後輩三人とも、坊主頭で名前が食い物って……恐ろしい集団だよ。雅紀さんが頭を剃り上げたのはいつからだっけ？

長谷川　40歳になる前から薄くなり始めて、錦鯉になってからは坊主頭にするしか手立てがなくなって。

渡　辺　そんな毎日の中、突然の報《しら》せがあるんだよね。

長谷川　そう。2018年8月、体調不良で北海道に帰っていた久保田君が亡くなった。解散してから会っていなかったし、現実感がまったくわかなかった。Twitter で報告したんだけど、それがニュースになって。

渡　辺　その文面だけど、誤字脱字が多いし、訃報なのに、文中にやたら「！」を多用しているから、オレが怒ったよね。ご愁傷様感がゼロだって。でもね、久保田さんが亡くなった時に思ったよ。絶対に雅紀さんを売れさせないといけないって。HTBさんが作ってくれた番組と、久保田さんの死。この二つは、オレにとって物凄く大きいんだ。

長谷川　……。

渡　辺　売れさせるというよりも、雅紀さんは売れなきゃいけないんだという思いも強く持ったな。だからこそ、雅紀さんをもっと知って欲しい。こんな面白い人がいるんだということを知らしめたい。そうすると、オレらみたいなオッサンコンビが、手っ取り早くブレイクするには『M－1』しかない。だから、絶対に『M－1』で優勝してやるという意識を強く持つようになったね。それまで、ダラダラと芸人を続けていたのが、『M－1』という大きな壁が、決して越えられないわけじゃないと分かって、それに向かっていく気持ちというのかな。

長谷川　ボクも、気持ちに大きな変化があったのは事実だね。久保田君が完全に諦めて北海道に帰ったのなら別だけど、病気で続けられなくなったというのは、志半ばだったわけで。その思いをボクなりに受け止めたというのかな。

渡　辺　2018年は準々決勝、19年は準決勝だったけど、この後、つまり2020年になると、高齢のオレたちも注目され始めて、テレビのネタ番組にも出演するようになった。内村光良《てるよし》さんの『そろそろ　にちようチャップリン』や、千鳥さんの『チャンスの時間』とかね。

長谷川　タイミングを合わせるように、歯も8本目が抜けて、そこでも注目されるようになって。コロナ禍だった2020年は、錦鯉にとっても、本当に大きな年だったよね。

渡　辺　『爆笑問題&霜降り明星のシンパイ賞！』に出させていただいたのも大きかったよ。

長谷川　そうだね！　ジャック豆山に300円借りて、返していない話が取り上げられて。爆笑さん（太田光・田中裕二）にも気にかけてもらって、ラジオにも呼んで頂いて。本当によくしてもらったよ。『シンパイ賞!!』は終わってしまったけど、忘れられない番組だね。

同じ景色を見よう！

渡　辺　ただ、20年はライブがこなせなかったからね。ライブでのお客さんの反応を見て、ネタを磨いていくことができなかったのは、それまでとの大きな違いだよ。だから20年の『M－1』は、キャラクターの濃い人が強かったのかなと思うんだ。ウチもそうだし、マヂカルラブリーとか、おいでやすこが、ウエストランド……もちろん、みんなネタも面白かったけど、歌も踊りもあって、何より個人のポテンシャルが凄かったなと思う。

長谷川　いつもならやってる、新ネタをおろすライブもできていない。だけど19年は敗者復活戦で敗退しているから、ボクらは1回戦はシード。例年なら3回戦まであるけど、コロナで2回戦まで。だからボクたちは2回戦、準々決勝、準決勝と3回勝てば決勝に進出できる。こういう巡り合わせというのか、流れも味方したのかも知れない。

渡　辺　でも、決勝進出は夢だったからね。決勝ネタは『パチンコ』で行くと決めていた。このネタには「まさのりダンス」とか、「キャラメルは、銀歯どろぼう！」とか、雅紀さんのギャグが色々と入れられるんだけど、オレの頭の中には、錦鯉を結成する前に放送された、ＨＴＢのドキュメント番組があったんだ。

長谷川　ボクが母親の前で披露したギャグだね。

渡　辺　うん。あの番組を見ただけなら、ただの売れない面白くない、オッサン芸人でしかないけど、番組内でやったギャグを、『Ｍ－１』決勝の舞台で可能な限り全国に流したい、という思いもあった。絶対に雅紀さんの面白さを伝えてやるっていうね。

長谷川　でも、翌日、小峠さんに怒られてね。

渡　辺　そう。偶然、テレビ局が同じで、「楽屋に来い」って。行くと「なんでパチンコなんだよ。パチンコやらない人には解り難いネタだろ」って、審査員の松本人志さんと同じ指摘で、かなり怒られたね。でも、本気で悔しがってくれていたからで、物凄く嬉しかったけど。

長谷川 実は、『M－1』の予選の最中に、父親の訃報が届いたんだよね。母親と離婚した後、父親は東京の工場で働いていた。ボクが上京した時も、まだ東京にいて、何度かお金を借りたんだ。

渡　辺 直接、会ったの？

長谷川 いや、電話だけだった。それでお金を振り込んでもらう。結局、一度も会わずじまい。電話で話しても、「東京で芸人やってる」「ああそうか」ぐらいで、必要以上の会話はなし。その後、父親は札幌に帰って、入院していると聞いて病院に会いに行ったのが2018年、久保田君が亡くなった頃だね。その時に言われたのが「もういい加減、就職したらどうだ」。それが父親との最後の会話。それで、20年の暮れに亡くなった時に、警察からボクのところに確認の連絡が入ったんだ。

渡　辺 じゃあ、お父さんは雅紀さんの『M－1』決勝の姿を見ていないんだ。

長谷川　うん。間に合わなかった。結局、最後の最後まで父子のまともな会話なんてなかったな。あったとしたら息子の将来を心配して「もう就職したら」ぐらい。将来を心配してくれていたから、せめて、決勝の舞台に立つボクの姿を見たら、少しは安心して逝けたのかなと。

渡　辺　久保田さんに続いて、決勝の舞台を見てもらいたかった人がもう一人、旅立っていたんだね。

長谷川　そんなこともあったので、決勝の舞台で、ボクは久保田君の写真を、スーツの胸ポケットに入れて舞台に立ったんだ。一緒に決勝ラウンドの舞台に立って、同じ景色を見ようと思ってね。

渡　辺　それは知らなかったな。

長谷川　ボクの芸人人生で、最も大きなものとなった『M‐1』ファイナル出場だけど、漫才には演者の人間味というか、人生が乗っかっているんだと思った。テレビでやる時は、3分か4分のネタでも、そこに演者の背負ってきた人生が加われば、より深みが出せるんだなということを、この経験で学んだよ。

悔しい!

渡　辺　オレは正直なところ、『M－1』で決勝まで行ければ、それでもう十分だなと思っていた。そこまで行けたなら、清々しい気分でお正月を迎えられるかなと思っていたけど、優勝できなかったことで、人生で初めて「悔しい」と思った。あんな気持ちになるなんて、本当に思ってもいなかったな。

長谷川　いや、ボクは優勝するつもりだったよ。周りからの期待も大きかったし、ネタの『パチンコ』もウケていたし、いけるんじゃないかと思っていた。だからこそ「悔しい」と思った。

渡　辺　霜降り明星のせいや君も、「今年は錦鯉さんが優勝すると思う」と予想してくれていたんだって。決勝直前にラジオ番組にも呼んでくれて。

長谷川　ボクのあとに札幌吉本に入ったトム・ブラウンの布川ひろきが、感動して涙が止まらなかったって。

渡　辺　社交辞令じゃないの？

長谷川　いやいや。布川は最初、ピン芸人だったんだけど、入った直後に「お前もピン芸人としてやっていくのなら、この人のマネをしないとダメだ」と言われて、ボクのまさのりダンスのビデオを100回くらい見たんだって。

渡　辺　地獄だな。

長谷川　布川が駆け出しの時に見たダンスを、20年の時を経て『M‐1』の決勝で見るのは感慨深かったそうだよ。切れ味も増していて、見たら元気になりますと言ってた。

渡　辺　嬉しいねえ。

長谷川　今年の『M‐1』に向けてだけど、とにかく歯を治す。滑舌が悪いのを克服しないと。20年のネタで一番肝心の「レーズンパンは〜」が聞き取れなかったという声をたくさん聞いたから。

渡　辺　隣にいて「チャンポンメン」に聞こえたからな。

長谷川　仕事が忙しくなったけど、電車に乗ったら中《なか》づりを見て、コンビニに入ったら色々な商品を見て、街中を歩くときは人間観察を。とにかく身の回りにアンテナを張って、一発ギャグのネタ作りのヒントにしている。

渡　辺　別のコンビの時は、オレも街で観察していたけど、錦鯉になってからは雅紀さんに何をさせたら面白いのか、その一点だけを考えてネタを作っているよ。今までは「最近、〇〇が話題ですね」「知ってます、あの事件怖いですねぇ」とか、出来事や事件が主役になってネタに入るというパターンだけど、錦鯉の漫才は雅紀さんが主役。出来事や事件はわき役なんだ。

長谷川　事件に巻き込まれるのではなく、事件を起こす人だね。

渡　辺　そう。Mr.ビーンになって欲しいんだ。

錦鯉、これから

渡　辺　ハリウッドザコシショウ、バイきんぐ、この人たちがいなかったらオレは芸人を辞めていたかもしれない。雅紀さんとも会わなかったし。今は感謝の気持ちでいっぱいだね。

長谷川　そうだね。あとボクにとってはタカトシ。上京してから最初は連絡していなかったんだけど、連絡を取り合ってからはお世話になりっぱなし。食事に連れて行ってくれるし、服はくれるし、人を紹介してくれるし。あの二人とは芸人のスタートが一緒だから。初めてウケたのも、スベったのも、営業も、合同企画も、みんな一緒だったから。

渡　辺　さて、ここで編集担当から質問が。結婚についてだって。

長谷川　ボクは45歳になった頃、このままだと孤独死しちゃうなと思って。それまで結婚なんて考えたこともなかったし、芸人になっても売れないし、好き勝手に生きてきたから仕方ないかと思っていたんだけど。でも45歳になってから考えが変わってきて。老人になって体が動かなくなったら、看取ってくれる人もいないし。

渡　辺　それは結婚じゃなくて、介護だろ！

長谷川　そんなこともあって、周りの人に「誰か、ボクの結婚相手になってくれる人いない？」って声をかけたんだ。そこで紹介されたのが、いま付き合っている関西在住の女性。初めから結婚前提で付き合っているから。

渡　辺　２０１９年５月以来、会っていないんでしょ。大丈夫なんだろうね。

長谷川　コロナもあって、彼女の方が気を遣ってくれてね。休みをやりくりして会いに行ってもいいんだけど、落ち着くまでは待ってと。でも大丈夫だから。

渡　辺　オレはまったく結婚なんて考えていない。孤独死でもいいと思っている。この12年、彼女はいないし、作ろうと思ったこともないな。出会いもないしね。このままでいいやと思ってる。

長谷川　でもね、ボクは隆に結婚してほしいと願っているよ。女性と一つ屋根の下で一緒に暮らすことで、一人の男として一皮むけると思うんだよね。

渡　辺　自分だって、してねーじゃねえか。

長谷川　いや、だから、結婚することは大事だって。相手を思いやり、いたわりの気持ちを抱くことは、人間として厚みが増すでしょう。あと、隆に対しても「お酒の飲み過ぎに注意して」と言ってくれる人がいなくなるんだよ。後輩は気を遣うし、ベテランになってくれば周りも細かいことまで言わなくなるし。唯一、厳しいことを言ってくれるのは奥さんだけでしょう。

渡　辺　「倫理が4点」の人の発言とは思えないよ。

長谷川　高校時代に比べればボクも成長したから。今は8点くらいかな。

渡　辺　たいして成長してねーよ！

長谷川　ブレイクするまでの49年間、正直なところ、生きていてよかったと思ったことはなかったな。街中を歩いていても、いつも下を向いて、地面や床しか見ていなかった。

渡　辺　お金が落ちていないか、とかね。

長谷川　本当にそう。でも、今は上を向いて歩いて、お店の前で中をのぞく余裕もできたし。

渡　辺　ウインドーショッピングだろ。言い方がヘンだぞ。

長谷川　もっと早く人気が出ていればよかったんだろうけど。よくスポーツ選手になる人が、子供の頃から将来の夢を抱いていたという話を聞くけど、本当に羨ましいと思う。早くから自分のなりたいものを見つけられて。ボクの場合、何もなかった。高校を卒業しても、将来何をやるのか、決めていなかった。ただ、ダラダラ生きていて、23歳の時、ようやく芸人になることに目覚めて、そこからまた26年かかるけど。でも、年齢は関係ない。いくつからでも挑戦できるんだって分かったね。

渡　辺　ただね、よくオレたちのことを「中年の星」とか、同世代の辛いオジサンたちに勇気を与えた、という紹介のされ方をするんだけど、それは逆の気がするんだよね。会社とか商店でたとえると、いっぱい繁盛している店の中で、オレらは潰れた店なんだよ。繁盛店の中に潰れた店が紛れ込んでいて、それが妙に目立つから面白がられているだけなんだ。だから、オレらから勇気や元気をもらっているというのは違うと思う。テレビ出演をいくつもこなし、場数を踏んでいるならいいけど、そうじゃないオレらが、経験豊富な若手の中に放り込まれて辱められている。そんなオッサンでもよければ見てよ、という気持ちが強い。オレらはお笑いの世界だから成立するけど、世間の人たちには反面教師にしてもらわないと。元気をもらうのはいいけど、マネをしちゃだめだ、と。

長谷川　でも、大谷翔平選手を見てよ。二刀流でメジャーでも大活躍。ちょっと前なら、マンガか映画の世界の話じゃない。それを彼は実現させてしまった。20年に、元プロ野球選手の新庄剛志さんがトライアウトを受けてプロ選手に再挑戦したよね。これも現実離れしている出来事だけど、もしかしたら、という気持ちを抱いた人は多かったんじゃないのかな。だから49歳で『M－1』ファイナリストになったボクらにも、同じような気持ちを持つ人がいてもおかしくはないよ。

渡　辺　新庄さんは若い頃から凄かったじゃない。オレらの場合、ただダラダラしていただけで。だったら最初からやれよというか、オレ自身も若い頃、もっと頑張れたな、という思いもあるんだよ。だから今は冷静に見ている。いや、むしろここから先をどうしようかと思っている。慣れてしまったらオレたち、ただのオッサンだから。漫才師として、しっかりやっていかないといけないと思っているんだ。

長谷川　そう、ボクらの基本は漫才だからね。女の子、男の子からお年寄りの男女まで、誰もが笑える漫才を目指したいね。

渡　辺　老若男女って言えないのかよ。

長谷川　歯を治してから言えるようにするよ！

渡　辺　漫才ももちろん大事なんだけど、やっぱりお互い、健康が第一だな。悪いところは治さないと！

長谷川・渡辺　どーも、ありがとうございました。

あとがき

ボクたちが売れる前に、営業に行ったときの話です。

色々な芸人が出演したのですが、最前列がみんな子供だったんです。そこへ、サルのコスチュームをした芸人が出ていくと、子供たちは、

「サルだ！　サルだ！」

と大騒ぎ。今度は太った芸人が出ていくと、

「デブだ！　デブだ！」

で、ボクらが出ていったのですが、まだ一言も話さないうちに、子供たちは雅紀さんを指さして、

「あ、バカだ！　バカだ！」

子供はみんな、分かっているんですね。エラい！

でも、この前、小学生の男の子が、

「まさのりダンスを見たい！」

と言ってきたので、

「あんなものは、何度も見るもんじゃない。バカがうつるよ」

と、優しく諭しておきました。

雅紀さんと組んでから、ボクの芸人生活も大きく変わりました。芸人仲間からも「雅紀さんという、ダイヤモンドの原石を見つけましたね！」とよく言われます。

そこまでは思っていません。石は石です。どんだけ磨いても石です。でも、光らないきれいな石、たとえるなら、川の底にある、ちょっと丸みを帯びた大きい石かな。

そんな雅紀さんとコンビを組めた今、あらためてお笑いの世界に入ってよかったと思っています。ここまでの道のりは決して平坦ではなかったですが、でも、いいことも悪いこともすべて「経験」として、後の人生に役立つんだなと実感しています。

〝若くない若手〟であるボクらですが、テレビやライブで若い人たちと共演することに戸惑いはありません。若手のアンチであったり、カウンターであったりと、オッサンにはオッサンの存在意義があると思っています。

困った時は原点に返れ——芸人生活で得た教訓ですが、ボクらにとっての原点は「漫才」です。これからも雅紀さんと二人で、バカバカしい漫才を作り続けます。『M－1』はコンビ結成から15年まで出場資格があります。ということはボクらは2026年までチャレンジできる！

必ず漫才でもトップに立つ。この目標を忘れずに、これからも隣にいるバカなオジサンの頭を引っ叩いていきます。

良い子のみんなはマネしちゃダメだよ。

どーも、ありがとうございました。

渡辺　隆

渡辺隆（わたなべ・たかし）
1978年東京都生まれ。東京NSC5期生。2001年「ガスマスク」でデビュー。解散後、「桜前線」を経て長谷川と2012年「錦鯉」結成。

錦鯉
2020年度『M－1グランプリ』で初の決勝進出（4位）。

長谷川雅紀（はせがわ・まさのり）
1971年北海道生まれ。吉本興業札幌事務所1期。94年「まさまさきのり」でデビュー。解散後、「マッサジル」への改名を経て「錦鯉」結成。

くすぶり中年《ちゅうねん》の逆襲《ぎゃくしゅう》

発　行　2021 年 11 月 15 日

著　者　錦鯉《にしきごい》（長谷川《はせがわ》雅紀《まさのり》　渡辺隆《わたなべたかし》）

発行者　佐藤隆信
発行所　株式会社新潮社
〒 162-8711　東京都新宿区矢来町 71
電話　編集部　03-3266-5611
読者係　03-3266-5111
https://www.shinchosha.co.jp

装　幀　新潮社装幀室
組　版　新潮社デジタル編集支援室
印刷所　錦明印刷株式会社
製本所　株式会社大進堂

ISBN 978-4-10-354331-2 C0095